4본대조 · 돈황본 육조단경 · 정본역주

4본대조 · 돈황본 육조단경 · 정본역주

· 수불 감수 ·

정본역주定本譯註 : 조영미 · 최연식 · 김종욱 · 김천학 · 박인석

운주사

감수 서언

『육조단경六祖壇經』은 대한불교조계종의 소의경전所依經典이다. 선종의 종지를 드러낸 육조혜능 대사(638~713)의 이 어록은 오늘날 선가의 전유물을 넘어 서구권에서까지 널리 읽히는 인류문화유산의 정수로 받아들여지고 있다. 부처님 제자의 어록 가운데 유일하게 '경經'이라 이름 붙일 정도로 중요한 법문집으로, 동서양의 많은 수행자들의 지남指南이 되고 있다.

당대 소주자사 위거韋璩의 부탁을 받고 고제자 법해法海가 집록한 이 어록은 오랜 기간 전승되어 오면서 첨삭이 심하여 혜흔본惠昕本, 계숭본契嵩本, 종보본宗寶本 등 수많은 판본이 존재해 왔다. 그중에서 혜능 대사의 법음에 가장 가까운 것은 현존하는 최고본最古本인 '돈황본'이다.

오랫동안 석굴에 비장되어 온 돈황본이지만 이 또한 4종의 이본들이 있는데, 이 4종을 교감하여 정본화定本化한 이번의 시도는 세계적으로도 그 유래를 찾아보기 어려운 최초의 작업이다. 이번 정본역주 작업에 심혈을 기울인 조영미,

최연식, 김종욱, 김천학, 박인석 역주자들의 노고에 치하를 보낸다.

육조혜능 스님의 종지는 오직 '돈오견성頓悟見性'에 있다. 소납은 이런 관점에서 역주자들이 한문을 교감하여 우리말로 번역해 놓은 것을 세심히 살펴보며 감수하였다.

한국불교의 법맥은 육조혜능 대사의 법손들이 주축이 되어 전해지고 있다. 그 종지는 일체 중생이 구족하고 있는 "자성自性이 곧 진불眞佛"임을 천명하는 데 있다 하겠다. 이는 보편타당하고 궁극적인 진실을 있는 그대로 드러내어 인간의 절대성과 존엄성을 긍정하는 인류 구제의 메시지라 할 수 있다.

이 '직지인심 견성성불'의 가르침을 토대로 현재 동서양의 많은 지성인들이 선에 깊은 관심을 가지고 참선수행을 통해 오의奧義를 직접 맛보고 있다. 이번 4본 대조 돈황본 『육조단경』의 정본역주 출간을 계기로, 그동안 국내에서 이루어진 '덕이본' 위주의 법문이나 연구에서 한발 더 나아가 근본적으로 선불교의 종지에 다가가는 것도 의미 있는 일이라 여겨진다.

육조혜능 대사의 육성에 가장 근접한 '돈황본'을 통해서, 한국불교 수행과 전법에 있어서 최대 당면과제인 간화선看話禪의 부흥이 전개될 수 있기를 기대한다. 모쪼록 이 정본역주定本譯註의 발간이 육조의 종지를 바로 세우고, 더불어 한국 선불교 중흥의 초석이 되기를 기원하면서 서문에 갈음하는 바이다.

2021년 4월

안국선원 선원장 수불 합장

해제 및 서문

혜능(慧能, 638~713)의 설법인 『육조단경』은 한·중·일 동아시아 삼국에서 선종의 소의경전으로 중시되어 왔다. 현대에 이르러서도 『육조단경』에 대한 한·중·일의 연구물은 저서와 논문에 이르기까지 셀 수 없이 많다. 그럼에도 불구하고 『육조단경』에 대한 연구는 아직 남아 있는 과제가 적지 않다고 볼 수 있다.

『육조단경』은 혜능 자신이 직접 저술한 것이 아니며, 혜능의 수계 설법을 제자 법해法海가 필수筆受하여 전승하였다. 이후 『육조단경』은 다양한 이본이 생성되면서 전승되어 현대에까지 이르렀지만, 그 이본의 숫자만큼이나 문헌적으로 많은 과제를 남기고 있다.

근대에 대장경이 조성될 때까지 『육조단경』은 기록상으로 한·중·일에서 50여 회 이상 간행되었는데, 그것들은 계통별로 분류할 수 있다. 우선, 우리나라의 『육조단경』에 대한 관심은 신라시대 삼법三法화상과 관련된 「혜능대사정상동래연기慧能大師頂相東來緣起」의 전승에서 보듯이, 신라시

대부터 그 관심은 특별했다. 한국의 『육조단경』 개판에 관한 기록은 1207년의 『지눌발법보기단경知訥跋法寶記壇經』을 처음으로 간주하는데, 이후 이것은 중간되는 등 전승되다 1300년에 덕이본德異本이 간행되면서, 이후 한국에서는 이 덕이본이 주류를 이루게 된다. 현재 남아 있는 최고본最古本은 1357년의 필사본으로 역시 덕이본이다. 즉 한국에서는 덕이본이 가장 많이 유포되었음을 알 수 있다. 이 덕이본 외에도 가장 오래된 문헌인 돈황사본, 그리고 종보본 등 다수의 이본이 전승되고 있다.

이렇게 각각 전승되고 유통된 『육조단경』에 대해서는 1976년에 서하본 단편을 포함하여 15종의 여러 본을 집성한 연구가 있다. 주편을 담당한 야나기다 세이잔(柳田聖山)은 해설에서 제본 집성의 간행은 향후의 『육조단경』 본문의 엄밀한 교합을 위해서라고 밝힌 바 있다. 이후 1978년에 고마자와(駒澤) 대학 선종사 연구소에서 『혜능연구』 안에 『육조단경』의 5본을 대조한 결과를 발표하였다. 여기에는 돈황본敦煌本, 대승사본大乘寺本, 흥성사본興聖寺本, 덕이본德異本, 종보본宗寶本 등의 5종이 비교대상이 되었다. 이후 『육조단경』의 이본을 계통별로 정리하는 연구가 진행되었고, 이에 따라 크게 ① 돈황본敦煌本 ② 혜흔본惠昕本 ③ 계숭본契嵩本으로 나뉘게 된다.

돈황본은 780년경에 서사된 가장 오래된 본이다. 고려시대의 지눌이 보았던 『육조단경』도 돈황본 『단경』에 가까운 것으로 추정되고 있다. 혜흔본은 일본의 진복사眞福寺, 흥성사興聖寺, 대승사大乘寺, 금산천녕사金山天寧寺 등으로 이어진다. 계숭본은 돈황계통의 고본과 계숭본 양본을 재편했다고 보이는 덕이본德異本, 그리고 계숭본을 잇는 종보본宗寶本으로 분류된다. 덕이본은 앞에서 언급했듯이 고려 간본의 계통이다.

돈황본 『육조단경』은 대영도서관에 보관되어 있으며, S5475로 불리는데, 1928년에 대정신수대장경 제48권에 수록되었다. 한국에서는 이능화와 김지견의 교주본이 있다. 일본에서는 스즈키 다이세츠(鈴木大拙)와 우이 하쿠주(宇井伯壽) 등에 의해 교정본이 나왔고, 중국에서는 양증문楊曾文에 의해 간행되었다. 이 돈황본을 번역한 것이 서하본으로 일부 남아 있다. S5475 이후 돈황박물관본, 여순박물관본, 북경국가도서관본 육조단경이 발견되었고, 돈황계통의 『육조단경』으로 판명되어 이것들을 교감하는 연구도 진행되었다.

혜흔본은 일본의 흥성사본에 첨부된 혜흔의 서문으로 그 존재가 알려졌다. 혜흔이 967년 처음 간행하였지만, 원본은 전하지 않는다. 분권을 통해서 볼 때 이는 대승사본과 흥성사본으로 이어지지만, 다소의 동이가 보이는데, 혜흔본의 원형은 진복사본에 나타난다. 현재 볼 수 있는 흥성사본은 일본 임제종 흥성사파의 본산인 흥성사에 전래된 것으로서 일본의 최고본 『육조단경』이다. 이것은 송판대장경의 복각본인데, 1933년에 영인본이 간행되었으며, 1939년에 스즈키 다이세츠와 오쿠다 쇼조(奥田正造)에 의해 교간본이 간행되었다.

대승사본은 조동종 대승사의 구장舊藏으로서 도겐(道元)의 간기가 있는 사본이다. 혜흔본의 분권을 따르지만 같은 계통의 흥성사본과 많은 동이가 있다. 송판대장경의 사본계통에 속하는데, 결락부분이 나타난다. 1734년의 발문이 있는 금산천녕사 구장본은 같은 계통으로서 완본으로 발견되었다.

계숭본은 『단경』이 세상 사람들을 위해 증감되고 문자도 번잡한 것을 보고 계숭이 조계고본을 얻어 교정하여 간행한 것인데, 이 역시 현존하지는 않는다. 계숭본 계통의 덕이본은 중국의 덕이가 1290년에 교정한 것으로 덕이의 서문과 법해의 약서가 부가되어 있다. 덕이에 따르면 당시 『육조단경』은 절략이 매우 심해 고본을 구하여 간행한 것이라고 한다. 그렇지만, 혜흔본과 비교해서 동이가 적지 않고, 돈황본과 비교해도 『육조단경』의 고형에 손을 댄 흔적이 뚜렷

하다.

종보본은 1291년 종보가 편집하였다. 본서 계통은 일본에서 주석이 많이 나와 유포본이라고도 한다. 다만, 유포본은 현재 대정신수대장경에 수록되어 있는 종보본과는 편집이 다르다. 종보본은 또한 명판대장경에도 수록되었는데, 명장본 가운데서도 남장과 북장본의 편재가 다르다.

이와 같이 『육조단경』은 크게 3부류로 나뉘고, 좀 더 세분화하면 4부류의 이본군으로 형성되어 있지만, 그 문자의 가감을 통해 볼 때 상당히 차이가 크다는 것이 기존의 연구결과이다. 이러한 상황에서 대정신수대장경에 수록된 것처럼 종보본을 저본으로 하고 혜흔본 계통을 직접 비교하는 것은 그다지 좋은 방식은 아니다. 또한 앞서 밝힌 5종 대교본은 교감이 시도된 것은 아니고, 돈황본을 중심으로 해서 『단경』의 내용이 증감되는 상황을 볼 수 있게 편재되어 있다는 점에서 향후 교감연구에 있어 중요한 자료가 됨에는 틀림없다.

현재까지 연구자들은 보통은 여러 본들 가운데 하나 혹은 두 본을 선택적으로 연구할 뿐이었고, 많은 본을 참조하여 이본들의 변형 과정을 탐구하거나 이본들을 모아 교감하여 『육조단경』의 정본화定本化를 추구하려는 노력은 미진하였다. 최근에 중국에서 새로 발견된 돈황본을 기준으로 『육조단경』을 교감하여 읽고 있지만, 여기에도 한 가지 큰 문제가 있다. 그것은 돈황본의 뜻이 잘 통하지 않는 문장의 경우, 후대본을 통하여 교감을 하고 있다는 점이다. 이러한 연구 풍토는 이미 일본의 연구자들이 시도하였던 방법이며, 서양의 연구자들도 답습하던 방법이다.

텍스트 연구는 사상 혹은 철학을 이해하는 데 가장 기초적인 연구라는 점에는 첨언을 요하지 않는다. 우리가 『육조단경』을 『육조단경』의 진의대로 이해하기 위해서는 이런 '텍스트 연구'라는 선행 작업을 거쳐야 한다. 그것이야말로 『육조단경』을 설한 혜능의 본음을 가장 가깝게 접근하여 이해할 수 있는 방법이 되기 때문이다. 그런데 위에서 언급한 것처럼 지금까지의 연구방법은 제대로 된 교정본조차 없이, 각각의 선택적 해석에 맡겨서 해석된 감이 없지 않다. 이에 본 정본定本『육조단경』은 기존의 텍스트 교감의 부족, 그리고 후대본을 모본으로 하여 고본을 고쳐서 해석하는 연구방법을 비판하고, 새로운 교정본을 만들어 정본화定本化를 시도하였다는 데 그 의의가 있다. 이른바 정본화〔비판적 교정〕는 편집자에 의해서 만들어진 가상의 '원본화'라고 할 수 있다. 즉 원저자가 본래 작성했을 원텍스트에 가장 가까운 형태로 재구성하는 것이다. 본『육조단경』의 정본화의 대상은 가장 고본층에 속하는 돈황사본이다. 비판적 교감방식을 사용했지만 뜻이 잘 안 통하는 경우라도 돈황본 내에서 교정하는 원칙을 세워, 최대한 돈황본 내에서 근접한 뜻을 찾으려고 노력하였다는 것이 이 정본『육조단경』의 특색이자 장점이다. 현재 돈황본『육조단경』은 5종이 있다.

첫째, 대영박물관 소장본(S.5475)

둘째, 돈황시박물관 소장본(DB.077)

셋째, 여순박물관 소장본

넷째, 북경도서관 岡字48호 두루마리본

다섯째, 북경도서관 단편 1장

이 가운데 다섯 번째는 단편 1장이지만 실제는 4행 반뿐이어서 본 교감에서는 제외하고, 4가지 본을 대조하여 비판적 교감방식을 통해 정본화를 시도하였다.

정본화를 효과적으로 하기 위해 다섯 명의 전문가가 모였다. 그중에 조영미 연구원이 교감과 초고 번역을 담당하였고, 강독 시에 최연식 교수와 박인석 교수가 토의하면서 내용을 수정하였다. 김천학 교수는 자료를 찾아내고 다른 번역과의 비교 결과를 제시하였고, 총괄역인 김종욱 교수는『육조단경』의 사상적 측면에 관심을 두고 미묘한 철학적 개념 등에 대해서 질문하고 조언을 하였다. 그리고 구미진 간사가 매회 강독결과를 녹음하고 이를 풀어내어 모두 회람하는 방식으로 진행하였다.

짧은 것 같은 『육조단경』이었지만, 정작 꼼꼼하게 토의하고 수정하는 데 걸린 시간은 상당히 길었다. 학술적 의미는 풍부했으나 다소 지난했던 작업을 그나마 마무리할 수 있었던 것은 이 땅에 간화선을 현대화·대중화하는 데 앞장서고 있는 안국선원 수불 스님의 끊임없는 관심과 지도 덕분이었다. 본서를 꼼꼼하게 감수하시고 우리들 전문 연구자들의 자구 번역을 넘어 조계선풍에 걸맞게 해석을 고친 것은 수불 스님의 학문적 공적이다. 스님의 큰 지원에 다시 한번 감사드린다. 불조의 법음을 마음으로 이어 승화한 육조의 가르침이 우리들의 이 작은 성취로 동시대의 공부인들에게 제대로 전수되는 데 기여할 수 있기를 불보살전에 기원해 본다.

2021년 4월 길일

정본 역주자 일동 두손 모음

일러두기

- 대영박물관장 Stein본, 돈황박물관본, 여순박물관장본, 북경도서관장 강자사팔호권자岡字四八號卷子 등 4본을 대교하고, 역주하였다.

- 대영박물관장 Stein本과 여순박물관장본은 곽부순郭富純·왕진분王振芬이 정리한 『여순박물관장돈황본육조단경旅順博物館藏敦煌本六祖壇經』(上海古籍出版社, 2011)에 영인 수록되어 있고, 돈황박물관본은 주소량周紹良 편저 『돈황사본단경원본敦煌寫本壇經原本』(文物出版社, 1997)에 영인 수록되어 있다. 북경도서관장 강자사팔호권자는 이 두 책에 모두 실려 있으며, 완본이 아닌 일실본逸失本이다.

- 본 정본화 역주자들은 위의 돈황본 4본에 한정하여 대교, 역주하는 것을 원칙으로 하였다. 후대 판본들에서 가감된 내용을 배제하고 돈황본의 특성과 실체를 온전히 드러내는 데 주안점을 두었다.

- 위의 4본 대교에서 적합한 글자나 문구를 취하여 역주하였으며, 글자는 다르나 뜻에서 대차大差가 없는 경우에는 고자古字를 우선 취하고, 통상적으로 쓰이는 글자를 다음으로 취하였다.

표기 범례

【對校本 事項】

- 大英博物館藏 Stein本 :〔S〕
- 敦博寫本壇經原本 (周紹良 編著) :〔敦博〕
- 旅順博物館藏敦煌本六祖壇經 (郭富純, 王振芬 整理. 上海古籍出版社) :〔旅博〕
- 北京圖書館藏岡字四八號卷子 :〔北圖〕

【본문의 원문에 쓴 표기】

- ≪ ≫ : 對校本의 細註
- ※ :〔北圖〕본 부분

【각주에 쓴 표기】

- ˘ : 對校本에 표기된 倒置 표시
- (A*卜) : 對校本에 표기된 A字 削除 표시
- 佛者覺也 : 對校本에 표기된 省略 표시
- 〈 〉: 校勘者의 부가 설명

감수 서언 5

해제 및 서문 9

■ 일러두기 17

■ 표기 범례 18

남종돈교최상대승마하반야바라밀경 21

■ 대교본 및 참고문헌 331

■ 찾아보기 332

南宗頓教最上大乘摩訶般[1]若波羅蜜經

六祖惠能大師於韶州大梵寺施法壇經 一卷

兼受無相戒弘法弟子法海集記

1　般 : 〔S〕〔旅博〕 般, 〔敦博〕 波

남종돈교최상대승마하반야바라밀경[2]

육조 혜능惠能[3] 대사가 소주 대범사에서 시행한[4] 단경 1권. 무상계를 겸하여 받은[5] 홍법 제자 법해가 모아 기록하다.

---

2 '남종돈교최상대승南宗頓教最上大乘'은 선종의 원명原名으로, 위 제목은 〔S〕, 〔敦博〕, 〔旅博〕 세 본이 모두 동일한 육조단경六祖壇經의 정식 명칭이다. 즉 육조단경에서 '단경'은 '법단에서 베푼 경' 정도의 의미로, 엄밀히 공식 명칭이 아닌 편의상의 명칭이라 할 수 있다. 참고로 위 명칭을 주제목으로, '육조단경'은 부제목으로 보는 견해도 있는데, 본 정본화 작업에서도 위 명칭을 공식명칭(주제목)으로 보고, '육조단경'은 부제로 보았다.

3 '혜능'에서 '혜' 자의 경우 〔S〕, 〔敦博〕, 〔旅博〕 세 본이 모두 '惠' 자로 되어 있어, 당시 문헌의 시대적 특징을 살펴볼 수 있다. 혜능이 지혜의 작용을 강조했던 점에서 후대 문헌에서는 혜능의 '惠'를 '慧'로도 표기하고 있다.

4 '시법단경施法壇經'은 '설법을 베푼 단경'을 뜻하며, 여기에서 '시법'의 번역은 야나기다 세이잔(柳田聖山)의 견해를 참고하여 '시행'으로 새겼다.

5 무상계無相戒는 '상이 없는 계'란 뜻으로 남종돈교에서 혜능이 준 계를 가리킨다. '겸수무상계兼受無相戒'의 경우 『楊校敦博本六祖壇經及其英譯』(p.67)에서는 '비구계를 받은 뒤 겸하여 무상계를 더 받음'의 뜻으로 보았다. 본서에서도 문맥상 '무상계를 겸하여 받음,' 즉 '무상계도 받은'의 의미로 새겼다.

惠能大師, 於大梵寺講堂中, 昇高座, 說摩訶般若波羅蜜法, 受[6]無相戒.

其時座下, 僧尼道俗一萬餘人, 韶州刺史韋據,[7] 及諸官寮三十餘人, 儒士餘人, 同請大師, 說摩訶[8]般若波羅蜜法. 刺史遂令門人僧法海集記, 流行後代, 與學道者, 承此宗旨, 遞相傳授, 有所依[9]約, 以爲禀承.

---

6 受 : 〔S〕〔敦博〕〔旅博〕 受 〈受는 授와 통용된다.〉

7 韋據 : 〔旅博〕 韋據, 〔S〕 等據, 〔敦博〕 違處

8 摩訶 : 〔S〕〔敦博〕 摩訶, 〔旅博〕 訶˘摩

9 依 : 〔敦博〕〔旅博〕 依, 〔S〕 於

혜능 대사께서 대범사 강당에서 법좌에 올라, 마하반야바라밀법을 설하시고 무상계를 주셨다.

이때에 법좌 아래에서 비구, 비구니, 도인道人, 속인 일만여 명, 소주 자사 위거[10]와 여러 벼슬아치들 30여 명, 유생 몇몇이 대사께 마하반야바라밀법을 설해주실 것을 함께 청하였다. 자사 위거가 마침내 문인인 승 법해에게 후대에 널리 알릴 기록을 모아 도를 배우는 이들에게 주어, 이 종지를 이어받고 서로에게 전수함에, 근거를 가지고[11] 계승할 수 있게 하라 하였다.

---

10 위거韋據 : 당대唐代의 인물로 생몰연대는 7세기 후반에서 8세기 중반으로 추정된다. 소주자사韶州刺史를 지냈으며, 혜능을 대범사大梵寺로 모셔 묘법妙法을 펴게 하면서 많은 문답을 나누었다. 혜능에게서 무상심지계無相心地戒를 받았고, 혜능이 입적한 뒤에는 비문碑文을 지었다. 『景德傳燈錄』 권5 「慧能傳」 T51, p.235a14-b8 참조.

11 '유소의약有所依約'의 경우, '약約'에 '약속'의 뜻 외에도 '준거하다', '따르다'의 뜻이 있다. 그러므로 육조혜능의 법을 이으려는 사람들이 단경을 전수하면서, '그것에 의거해서 이 종지를 이어받아 서로 전수하게 하였다'의 의미로 볼 수 있다. 참고로 혜흔본에서는 '依' 자가 '憑'으로 되어 있다.

說此壇經, 能大師言, "善知識, 淨心念摩訶般若波羅蜜法.[12]" 大師不語, 自淨心神.[13] 良久乃言, "善知識, 淨聽." 惠能慈父, 本官范陽,[14] 左降遷流嶺南,[15] 新州百姓.

12 〈〔旅博〕 본에는 '蜜法' 두 글자가 주서朱書로 되어 있다. 후대에 가필加筆한 듯하다. 참고로 〔旅博〕 본의 경우 도치표기와 같은 교정 표시는 원래 필사하는 과정에서 기재한 듯 묵서墨書로 되어 있으나, 주서로 된 경우는 이후에 가필된 것으로 보인다.〉

13 自淨心神 : 〔敦博〕 自淨心神, 〔S〕〔旅博〕 自心˘淨神

14 陽 : 〔S〕〔旅博〕 陽, 〔敦博〕 楊

15 嶺南 : 〔敦博〕 嶺南, 〔S〕〔旅博〕 南

이 『단경』을 설하심에, 능 대사께서 말씀하셨다. "선지식이여, 마음을 청정히 하여 마하반야바라밀법을 염念하라.[16]" 대사께서는 말씀하시지 않고, 스스로 마음을 청정히 하셨다. 잠시 침묵하다가 마침내 말씀하셨다. "선지식이여, 조용히 들어라.[17]"

혜능 부친의 본관은 범양[18]인데, 좌천되어 영남[19]으로 쫓겨나 신주[20] 백성이 되셨다.

---

16 '염念하라'는 것은 기억하여 잊지 않는 마음의 작용을 말한다. 즉 마음속에서 항상 간직하고 잊지 않는다는 의미이다.

17 원문 '淨聽'에서 '淨'은 '靜'과 통용된다.

18 범양范陽 : 현재의 중국 하북성河北省 북부 지역.

19 영남嶺南 : 중국 남방오령南方五嶺의 이남 지역으로, 현재의 광동성, 광서성, 해남성 일대.

20 신주新州 : 현재의 중국 광동성廣東省 신흥현新興縣.

惠能幼小,[21] 父少[22]早亡. 老母孤遺, 移來南海,[23] 艱辛貧乏, 於市賣[24]柴. 忽有一客買[25]柴, 遂領惠能, 至於官店. 客將柴去, 惠能得錢, 却向門前, 忽見一客讀金剛經. 惠能一聞, 心明[26]便悟.

21 小 : 〔S〕〔旅博〕 小, 〔敦博〕 少

22 少 : 〔旅博〕 少, 〔S〕 小, 〔敦博〕 亦

23 南海 : 〔敦博〕〔旅博〕 南海, 〔S〕 海

24 賣 : 〔敦博〕〔旅博〕 賣, 〔S〕 買

25 買 : 〔S〕〔旅博〕 買, 〔敦博〕 賣

26 明 : 〔敦博〕〔旅博〕 明, 〔S〕 名

혜능이 어렸을 때, 부친은 젊은 나이에 돌아가셨다. 모친과 나[27]는 남해[28]로 옮겨가 가난으로 갖은 고생을 하며, 저잣거리에서 땔나무를 팔며 지냈다. 뜻밖에도 땔나무를 사겠다는 한 손님이 있어 곧장 혜능을 데리고 관점[29]에 이르렀다. 손님은 땔나무를 가지고 갔고, 혜능은 돈을 받아서는 바로 문 앞으로 향하였는데, 다른 한 손님이 『금강경』을 읽는 모습이 문득 눈에 띄었다. 혜능은 한 번 듣고 마음이 밝아져 대번에 깨달았다.

---

27 '노모老母'에서 '老'는 '늙다'로 새기지 않고, 경칭敬稱으로 보아 '어머니'로 보았다. '고유孤遺'는 '남겨진 자식'의 뜻으로서, '혜능' 자신을 가리키므로 '나'로 새겼다.

28 남해南海 : 현재의 중국 광동성廣東省 번우현番禺縣 일대.

29 관점官店 : 관官에서 운영하는 상점으로 주점酒店(여관)을 가리킨다.

乃問[30]客曰, '從何處來, 持此經典?[31]' 客答曰, '我於蘄州[32]黃梅縣[33]東凴墓山, 禮拜五祖弘忍[34]和尙. 見今[35]在彼門人有千餘衆. 我於彼聽見大師勸道俗,「但持[36]金剛經一卷, 卽得見性, 直了成佛.」' 惠能聞說, 宿業有緣, 便卽辭親, 往黃梅凴墓山, 禮拜五祖弘忍和尙.

---

30 問 : 〔敦博〕〔旅博〕 問, 〔S〕 聞

31 典 : 〔S〕〔敦博〕 典, 〔旅博〕 曲

32 蘄州 : 〔S〕〔旅博〕 蘄州, 〔敦博〕 新州

33 縣 : 〔敦博〕〔旅博〕 縣, 〔S〕 懸

34 五祖弘忍 : 〔S〕〔旅博〕 五祖弘忍, 〔敦博〕 五弘ˇ祖忍

35 今 : 〔敦博〕〔旅博〕 今, 〔S〕 令

36 持 : 〔敦博〕 持, 〔S〕〔旅博〕 特

이에 그 손님에게 물었다. '어디서 오셨기에 이 경전을 수지受持[37]하고 계십니까?' 손님이 답하였다. '나는 기주 황매현[38] 동빙묘산[39]에서 오조 홍인 화상을 예배하였소. 지금[40] 그곳에는 문인으로 천여 대중이 있소. 나는 그곳에서 대사께서 출가자와 재가자들에게 「다만 『금강경』 한 권을 수지하기만 하면, 성품을 보아 곧바로 성불할 수 있으리라」고 권하시는 말씀을 들었소.' 혜능은 이 말을 듣고서 숙업宿業의 불연佛緣에 이끌려 바로 어머님께 하직을 고하고, 황매 빙묘산으로 가 오조 홍인 화상을 예배하였다.

---

37 '수지受持'는 항상 간직하고 독송한다는 의미이다.

38 기주蘄州 황매현黃梅縣 : 현재의 중국 호북성湖北省 동부에 해당하는 지역.

39 동빙묘산馮墓山 : 황매현 남쪽에 있는 쌍봉산雙峯山의 한 봉우리. 동서로 두 봉우리가 있는 중에 동산東山으로서 황매산黃梅山이라고도 하지만, 정확히는 빙무산馮茂山이다. 이는 빙무馮茂라 불리는 한 신자信者가 홍인 화상에게 희사하였기 때문이라 전한다.

40 '현금見今'은 '현금現今'과 같은 말로서 '지금'의 뜻이다.

弘忍和尙問惠能[41]曰, '汝何方人, 來此山, 禮拜吾? 汝今向吾邊, 復求何物?'
惠能答曰, '弟子是嶺[42]南人, 新州百[43]姓. 今故遠來禮拜和尙, 不求餘物, 唯求佛法.' 作.

41 惠能 : 〔S〕〔敦博〕 惠能, 〔旅博〕 能惠 〈〔旅博〕 본의 '能惠'는 필사자의 실수 상 오기로 보이며, 고친 흔적들이 원문에 남아 있다.〉

42 嶺 : 〔敦博〕〔旅博〕 嶺, 〔S〕 領

43 百 : 〔S〕〔敦博〕 百, 〔旅博〕 姤

홍인 화상께서 혜능에게 물었다. '너는 어느 지방 사람인데, 이 산까지 찾아와 내게 예배하는 것이냐? 네가 지금 내게 온 것은 또 무엇을 구해서인가?'

혜능이 말씀드렸다. '저는 영남 사람으로 신주 백성입니다. 지금 일부러 멀리서부터 찾아와 화상께 예배하는 것은 다른 무엇을 구해서가 아니며 오로지 불법을 구할 뿐입니다.'라 하고 일어났다.[44]

---

44 돈황본 이후에 출현한 대승사본과 흥성사본과 덕이본 그리고 이것들의 영향을 받은 후대의 번역본에는 '唯求作佛' 등으로 되어 있다. 일례로 성철스님의 『돈황본 육조단경』(장경각, 1988)에도 '唯求作佛法'으로 되어 있다. 그러나 본서는 후대본들의 가탁을 배제하고 오직 돈황본들 사이에서만 비교 교감하였는데, 이들 돈황본에는 '唯求佛法作'으로 나와 있고, 본서는 이를 따랐다. 그런데, '유구불법작唯求佛法作' 중 '作'에는 '일어나다'의 뜻이 있다. 그러므로 이 경우는 실제 행동, 즉 예배를 하다 일어나는 동작을 뜻하는 것으로 보았다.

大師遂責惠能曰, '汝是嶺[45]南人, 又是獦獠, 若爲堪作佛.[46]'

惠能答曰, '人卽有南北, 佛性[47]卽無南北. 獦獠身與和尙不同, 佛性[48]有何差別?'

大師欲更共議, 見左右在傍邊. 大師更[49]不言, 遂發遣惠能, 令隨衆作務.[50] 時有一行者, 遂差[51]惠能於碓坊, 踏碓八个[52]餘月.

---

45 嶺 : 〔敦博〕〔旅博〕 嶺, 〔S〕 領

46 若爲堪作佛 : 〔S〕〔旅博〕 若爲堪作佛, 〔敦博〕 若未爲堪作佛法

47 性 : 〔敦博〕 性, 〔S〕〔旅博〕 姓

48 性 : 〔S〕〔敦博〕〔旅博〕 姓 〈이 세 본 모두에 '姓'으로 되어 있으나 성품을 뜻하는 경우에 한하여 '性' 자로 통일하였다.〉

49 更 : 〔S〕 更, 〔敦博〕〔旅博〕 更便

50 務 : 〔S〕〔旅博〕 務, 〔敦博〕 務(發*卜)

51 差 : 〔S〕〔旅博〕 差, 〔敦博〕 着

52 个 : 〔S〕〔旅博〕 个, 〔敦博〕 箇

대사께서는 바로 혜능을 꾸짖으며 말씀하셨다. '너는 영남 사람인데다가 더구나 갈료獦獠[53]인데 어떻게 부처가 될 수 있겠느냐.'

혜능이 답하였다. '사람에게는 남과 북이(라는 출신의 차이가) 있을지언정 불성에는 남과 북(이라는 차별)이 없습니다. 갈료인 저와 화상이 같진 않지만, 불성에야 무슨 차별이 있겠습니까?'

대사께서는 계속해서 함께 말을 나누고 싶었지만 근방에 사람들이 있는 것을 보았다. 대사께서는 다시 더 말씀하지 않고, 즉시 혜능을 내보내어 대중을 따라 일을 하도록 시켰다. 이때 한 행자가 혜능을 방앗간으로 보내, 8개월 남짓 디딜방아를 찧었다.

---

53 '갈료獦獠'는 남방의 이민족을 가리키는 말로, 북방인들이 남방인들을 얕잡아 이르는 표현이다.

五祖, 忽於一日, 喚門人盡來. 門人集記,[54] 五祖曰, "吾向汝[55]說, 世人生死事大. 汝等門人, 終日供養, 只求福田, 不求出離生死[56]苦海. 汝等自性[57]迷, 福門何可救[58]汝! 汝惣且歸房自看. 有知惠[59]者, 自取本性[60]般若之知,[61] 各作一偈呈吾. 吾看汝偈, 若悟[62]大意者, 付汝衣法, 禀爲六代. 火急急.[63]"

---

54 集記 : 〔S〕〔敦博〕〔旅博〕 集記 〈'集訖'의 오기인 듯하다.〉

55 汝 : 〔敦博〕〔旅博〕 汝, 〔S〕 與

56 生死 : 〔S〕〔敦博〕 生死, 〔旅博〕 死

57 性 : 〔敦博〕 性, 〔S〕〔旅博〕 姓

58 救 : 〔S〕〔旅博〕 救, 〔敦博〕 求

59 知惠 : 〔S〕〔旅博〕 知惠, 〔敦博〕 知事 〈'지혜知惠'는 〔S〕〔旅博〕 본의 경우를 반영하였는데, 본 돈황본의 뒷부분 중 "… 但願和尙慈悲, 看弟子有少智惠識大意否"에서는 세 본이 '智惠'로 되어 있어 참고할 필요가 있다. 또한 『華嚴經』 등에서도 '智惠'로 쓴 용례가 다수 보인다.〉

60 性 : 〔敦博〕 性, 〔S〕〔旅博〕 姓

61 之知 : 〔敦博〕〔旅博〕 之知, 〔S〕 知之

62 悟 : 〔敦博〕〔旅博〕 悟, 〔S〕 吾

63 火急急 : 〔S〕〔旅博〕 火急急, 〔敦博〕 火急作

오조가 문득 하루는 문인들을 불러 모았다. 문인들이 다 모이자[64] 오조가 말하였다. "내 너희들에게 사람에게는 생사에서 벗어나는 일이 가장 중요하다[65]고 말해왔다. 그런데 너희 문인들은 종일토록 공양하며 그저 복전만 구할 뿐, 생사의 고해에서 벗어날 길은 구하지 않는구나. 너희들이 자성에 미혹한데, 복전을 얻는 공부(福門)를 가지고 어찌 너희들을 구제할 수 있겠느냐! 너희들 모두 이제 방으로 돌아가 스스로 살펴라. 지혜智慧로운 자라면 본성인 반야 지혜를 스스로 찾을 것이니, 각자 한 수의 게를 지어 내게 보여라. 내가 너희들의 게를 보고 큰 뜻을 깨달은 자가 있다면, 그에게 의법衣法을 전하여 6대 조사로 삼겠노라. 화급히 서두르라."

---

64 '집기集記'의 '記'에는 '마치다, 끝나다'의 의미가 없는 듯하다. 양증문과 스즈키 본에서는 각각 '集已', '已集'으로 보았는데, 이 역시 정확한 근거 없이 '마치다'의 의미를 반영하여 임의로 '已' 자로 교감한 것으로 보인다.

65 '세인생사사대世人生死事大'는 글자만으로는 '세상 사람들에게는 나고 죽는 일이 가장 중요하다' 또는 '세상 사람들의 생사에서 가장 중요한 일'로 직역할 수 있지만, 문맥을 고려하여 '사람에게는 생사에서 벗어나는 일이 가장 중요하다'라고 번역했다.

門人得處分, 却來各至自房, 遞相謂言, '我等不須呈心用意作偈, 將呈和尙. 神秀上座是教授師,[66] 秀上座得法後, 自可依[67]止. 請不用作.' 諸人息[68]心, 盡不敢呈偈. 時大師[69]堂前, 有三間房廊, 於此廊下供養, 欲畫楞伽變, 幷畫五祖大師傳授衣[70]法, 流行後代爲記. 畫人盧玲[71]看壁[72]了, 明日下手.

---

66 是教授師 : 〔S〕〔旅博〕 是教授師, 〔敦博〕 是故教受師

67 依 : 〔敦博〕〔旅博〕 依, 〔S〕 於

68 息 : 〔S〕〔旅博〕 息, 〔敦博〕 識

69 時大師 : 〔S〕〔旅博〕 時大師, 〔敦博〕 大師

70 衣 : 〔S〕〔旅博〕 衣, 〔敦博〕 於

71 盧玲 : 〔S〕〔旅博〕 盧玲, 〔敦博〕 唐坽

72 壁 : 〔S〕〔旅博〕 壁, 〔敦博〕 檗

문인들이 오조의 분부를 받고 돌아와 각자 자기의 방에 이르러서는 서로 돌아가며 말하기를, '우리들은 온 마음을 다 기울여 게를 지어 화상께 바칠 필요가 없다. 신수 상좌야말로 교수사이니, 수 상좌가 법을 얻은 후에는 자연히 의지할 수 있을 것이다. 굳이 지을 필요가 없다'라고 하였다. 모두들 마음을 놓고 아무도 게를 바치려 하지 않았다. 당시 오조 대사 방 앞에 세 칸 회랑(房廊)이 있었는데 이 회랑에서 공양을 베풀고 그 벽에 능가변楞伽變[73]과, 오조 대사까지 의법衣法이 전수되는 모습을 그려 후대에 널리 알리고 기록으로 남기고자 하였다. 화공 노령盧玲[74]이 벽을 살피고 나서 다음 날 착수하기로 하였다.

---

73 능가변楞伽變은 '능가경변상도'를 가리키는 것으로 보이며, '변變' 자체가 '이야기를 그린 그림'이라는 뜻으로서, '변상變相'에는 원래 '상相' 자가 없다는 견해도 있다(辛嶋 静志, 「変, 変相, 変文の意味」『印度學仏教學研究 通号』141, 2017, pp.208-215). 참고로 돈황본의 뒷부분에서는 '변상變相'으로 나오기도 한다.

74 노령盧玲에 대한 전기적 기록은 보이지 않는다.

上座神秀思惟, '諸人不呈心偈, 緣我爲教[75]授師. 我若不呈心偈, 五祖如何得見我心中見解深淺. 我將心偈上五祖[76]呈意, 卽善求法, 覓祖不善, 却同凡心 奪其聖位. 若不呈心, 修[77]不得法. 良久思惟, 甚難甚難.[78] 夜至三更, 不令人見, 遂向南廊下中間[79]壁上, 題作呈心偈, 欲求衣[80]法. 若五祖見偈, 言此偈語. 若訪覓我, 我見和尙, 卽云, 「是秀作.」 五祖見偈, 言不堪, 自是我迷,[81] 宿業障重, 不合得法. 聖意難測, 我心自息.'

---

75 教 : 〔敦博〕〔旅博〕 教, 〔S〕 撴

76 祖 : 〔S〕〔敦博〕 祖, 〔旅博〕 禓

77 修 : 〔S〕〔敦博〕〔旅博〕 修 〈'終'의 오기인 듯하다. 번역은 '終'으로 하였다.〉

78 甚難甚難 : 〔敦博〕 甚難甚難, 〔S〕 甚難甚難甚難甚難, 〔旅博〕 甚甚難難甚甚難難

79 間 : 〔敦博〕〔旅博〕 間, 〔S〕 問

80 衣 : 〔敦博〕 衣, 〔S〕 於, 〔旅博〕 依

81 我見和尙 卽云是秀作 五祖見偈言不堪 自是我迷 : 〔敦博〕〔旅博〕 我見和尙 卽云是秀作 五祖見偈言不堪 自是我迷, 〔S〕 我

신수 상좌는 생각하였다. '모두들 심게心偈[82]를 지어 바치지 않는 것은 내가 교수사이기 때문이다. 내가 심게를 바치지 않는다면 오조께서 내 마음속 견해의 깊이를 어떻게 아시겠는가. 내가 심게를 오조께 올려 마음속 뜻을 드러낸다면 법을 옳게 구하는 것이겠지만, 조사의 지위를 곁눈질하는 것은 옳지 않으니, 결국 세속적인 마음으로 성현의 지위를 훔침과 같다. 마음을 드러내지 않는다면 결국 법을 얻지 못하리라. 한참을 생각해도 참으로 어렵고도 어렵구나. 밤이 삼경에 이르러 사람들 눈에 띄지 않도록 하여, 즉시 남쪽 회랑 중간 벽에 심게를 써서 의법을 구해야겠다. 오조께서 게를 보시면 이 게에 대해 말씀이 있으시리라. 나를 찾으시면 나는 화상을 뵙고 바로「수秀가 지은 것입니다」라고 여쭈리라. 오조께서 게를 보시고 불가하다고 하시면, 본래 내가 미혹한데다 과거에 쌓은 업장이 무거워 법을 얻기에 맞지 않은 것이리라. 성현의 의중은 가늠하기 어려우니 내 생각도 그만 그쳐야겠다.'

---

82 심게心偈는 '마음속 근본 뜻을 드러내 보이는 게송'을 뜻한다.

秀上座三更於南廊下[83]中間壁上, 秉[84]燭題作偈, 人盡不知.[85] 偈曰:

身是菩提樹, 心如明鏡臺.
時時勤拂[86]拭, 莫使有塵埃.

神秀上座題此偈畢, 歸[87]房臥. 並無人見.

---

83 南廊下 : 〔S〕 南廊下, 〔敦博〕〔旅博〕 南廊

84 秉 : 〔S〕〔旅博〕 秉, 〔敦博〕 事

85 知 : 〔敦博〕 知, 〔S〕〔旅博〕 和

86 拂 : 〔敦博〕〔旅博〕 拂, 〔S〕 佛

87 歸 : 〔S〕〔旅博〕 歸, 〔敦博〕 却歸

신수 상좌는 삼경에 남쪽 회랑 중간 벽에서 촛불을 잡고 게를 지어 썼는데, 아무도 알지 못하였다. 게는 이러하다.

몸은 보리수요,
마음은 명경대니라.
언제나 부지런히 털고 닦아,
먼지 묻지 않게 하라.

신수 상좌는 이 게를 쓰기를 마치고 방에 돌아와 누웠다. 아무도 그를 본 이가 없었다.

五祖平旦, 遂喚[88]盧供奉來, 南廊下畫楞伽變. 五祖忽見此偈, 請記.[89] 乃謂供[90]奉曰, "弘忍與供奉錢三十千, 深勞遠來, 不畫變相也. 金剛經云, '凡所有相, 皆是虛妄.' 不如留[91]此偈, 令迷人誦. 依此修行, 不墮三惡, 依法修行,[92] 有大利益.

---

88 喚 : 〔敦博〕〔旅博〕 喚, 〔S〕 換

89 記 : 〔S〕〔敦博〕〔旅博〕 記 〈'訖'의 오기인 듯하다.〉

90 供 : 〔S〕〔敦博〕 供, 〔旅博〕 供(養*卜)

91 留 : 〔敦博〕〔旅博〕 留, 〔S〕 流

92 修行 : 〔敦博〕 修行, 〔S〕〔旅博〕 修行人

오조는 동이 틀 무렵에 즉시 노盧 공봉을 불러 남쪽 회랑에 능가변을 그리게 하였다. 그런데 오조가 홀연 이 게를 보고는 그만둘 것을 청하였다. 이내 공봉에게 말하였다. "내 공봉에게 3만 전을 주어 멀리서부터 와준 것에 사례하니 변상은 그리지 않아도 되네. 『금강경』에 '상相이 있는 것은 모두 허망하다' 하였으니, (변상을 그리는 일이) 이 게를 남겨두어 미혹한 이들로 하여금 외우게 하는 것만 못할 것 같다. 이에 의지하여 수행하면 삼악도에 떨어지지 않고, 법에 의지하는 수행이니 큰 이익이 있으리라."

大師遂喚門人盡來, 焚香偈前, 衆人見已,[93] 皆生敬心. "汝等盡誦此偈者, 方得見性,[94] 依[95]此修行, 卽不墮落." 門人盡誦, 皆生敬心, 喚言善哉.

五祖[96]遂喚秀上座於堂內門,[97] "是汝作偈否? 若是汝作, 應得我法." 秀上座[98]言, "罪過. 實是神秀作, 不敢求祖.[99] 但願[100]和尙慈悲, 看弟子有少[101]智惠識大意否."

---

93 衆人見已 : 〔敦博〕 衆人見已, 〔S〕 人衆入見, 〔旅博〕 人衆人見

94 性 : 〔敦博〕 性, 〔S〕〔旅博〕 姓

95 依 : 〔敦博〕〔旅博〕 依, 〔S〕 於

96 祖 : 〔敦博〕〔旅博〕 祖, 〔S〕 禍

97 門 : 〔S〕〔敦博〕〔旅博〕 門 〈'問'의 오기인 듯하다.〉

98 秀上座 : 〔S〕〔旅博〕 秀上座, 〔敦博〕 秀上

99 求祖 : 〔S〕〔旅博〕 求祖, 〔敦博〕 求

100 但願 : 〔敦博〕 但願, 〔S〕〔旅博〕 願

101 少 : 〔敦博〕〔旅博〕 少, 〔S〕 小

대사가 즉시 문인들을 모두 불러 모아 게 앞에 향을 사르도록 하니, 수많은 대중이 와서 보고는 모두 공경심을 일으켰다. "너희들이 이 게를 늘 외우면 장차 성품을 볼 수 있을 것이니, 이에 의지하여 수행하면 삼악도에 떨어지지 않으리라." 문인들이 늘 외우며 모두 공경심을 일으켜 '훌륭하구나'라고 하였다.

오조가 마침내 신수 상좌를 방으로 불러 물었다. "네가 게를 지었느냐? 이처럼 네가 게를 지은 것은 내 법을 얻으려 해서이겠지." 신수 상좌가 말하였다. "황송합니다. 제가 지은 것이 맞습니다만 감히 조사의 지위를 바라지는 않습니다. 다만 화상의 자비로 제게 큰 뜻을 깨달을 지혜가 조금이나마 있는지 살펴주십시오."

五祖[102]曰, "汝作此偈, 見卽來到,[103] 只到門前, 尙未得入. 凡夫依[104]此偈修行, 卽不墮落, 作此見解, 若覓無上菩提, 卽不[105]可得. 須[106]入得門, 見自本性.[107] 汝且去, 一兩日[108]思惟, 更作一偈來呈吾. 若入得門, 見自[109]本性,[110] 當付汝衣法." 秀上座去數日, 作偈[111]不得.

102 祖 : 〔敦博〕〔旅博〕 祖, 〔S〕 禑

103 見卽來到 : 〔S〕〔旅博〕 見卽來到, 〔敦博〕 見解

104 依 : 〔敦博〕〔旅博〕 依, 〔S〕 於

105 不 : 〔敦博〕 不, 〔S〕〔旅博〕 未

106 須 : 〔S〕〔旅博〕 須, 〔敦博〕 要

107 性 : 〔敦博〕 性, 〔S〕〔旅博〕 姓

108 一兩日 : 〔敦博〕〔旅博〕 一兩日, 〔S〕 一兩日來

109 見自 : 〔S〕〔旅博〕 見自, 〔敦博〕 自

110 本性 : 〔敦博〕 本性, 〔S〕 本姓, 〔旅博〕 姓˘本

111 作偈 : 〔敦博〕 作偈, 〔S〕〔旅博〕 作

오조가 말하였다. “네가 지은 이 게는 견해로서는 어느 정도 이르기는 하였으나, 단지 문 앞에 이르렀을 뿐이지 아직 안으로 들어오지는 못하였다. 범부가 이 게에 의지하여 수행한다면 삼악도에는 떨어지지 않을 것이나, 이러한 견해로 무상보리를 구한다면 얻지 못할 것이다. 문 안으로 들어가 자기의 본성을 보아야만 한다. 너는 가서 하루 이틀 더 생각하여 다시 다른 게를 지어 내게 가져오라. 문 안으로 들어와 자기의 본성을 보았다면 응당 너에게 의법을 부촉하리라.” 신수 상좌는 며칠이 지나도 게를 짓지 못하였다.

有一童子, 於碓坊邊過, 唱[112]誦此偈. 惠能[113]一聞, 知未見性,[114] 卽識大意. 能問[115]童子, "適來誦者是何言[116]偈?" 童子答能曰, "你不知. 大師言, '生死事[117]大. 欲傳衣[118]法, 令門人等, 各作一偈來呈. 吾看[119]悟[120]大意, 卽付衣法, 禀爲六代祖'.[121] 有一上座名神秀, 忽於南廊下書無相偈一首, 五祖,[122] '令諸門人盡誦. 悟此偈者, 卽見自性,[123] 依此修行, 卽得出離.'"

112 唱 : 〔S〕〔旅博〕 唱, 〔敦博〕 此

113 惠能 : 〔S〕〔旅博〕 惠能, 〔敦博〕 惠能及

114 性 : 〔敦博〕 性, 〔S〕〔旅博〕 姓

115 問 : 〔S〕〔敦博〕 問, 〔旅博〕 聞

116 何言 : 〔S〕〔敦博〕 何言, 〔旅博〕 言˘何

117 事 : 〔敦博〕〔旅博〕 事, 〔S〕 是

118 衣 : 〔敦博〕 衣, 〔S〕 於, 〔旅博〕 依

119 吾看 : 〔敦博〕〔旅博〕 吾看, 〔S〕 看

120 悟 : 〔S〕〔旅博〕 悟, 〔敦博〕 吾

121 祖 : 〔敦博〕〔旅博〕 祖, 〔S〕 禍

122 祖 : 〔敦博〕〔旅博〕 祖, 〔S〕 禍

123 性 : 〔敦博〕 性, 〔S〕〔旅博〕 姓

한 동자가 방아 찧는 곳을 지나며 이 게를 읊조렸다. 혜능은 한 번 듣고서 아직 성품을 보지 못하였음을 알았고, 즉시 대의를 알았다. 혜능이 동자에게 물었다. "좀 전에 읊은 것은 무슨 게인가?" 동자가 혜능에게 답하였다. "너는 모르느냐. 대사께서 '생사에서 벗어나는 일이 가장 중요하다. 의법을 전수하고자 하니 문인들은 각자 게 한 수를 지어 오도록 하라. 내가 보아서 큰 뜻을 깨달은 이에게는 의법을 부촉하여 6대 조사로 삼겠다'고 하셨다. 신수라는 상좌가 있어 홀연히 남쪽 회랑에 무상게 한 수를 지어 써놓았는데, 오조께서 '여러 문인들은 늘 외우도록 하라. 이 게의 뜻을 깨달은 자는 자성을 볼 것이요, 이에 의지해 수행하면 생사윤회에서 벗어나리라'고 하셨다."

惠能答曰, “我此踏碓, 八箇餘月, 未至堂前. 望上人引惠能, 至南廊下, 見此偈禮拜. 亦願誦取, 結來生緣, 願生佛地.” 童子引能至南廊下.[124] 能卽禮拜此偈, 爲不識字, 請一人讀. 惠能聞已,[125] 卽識大意. 惠能亦作一偈, 又請得一解書人, 於西間壁上題[126]着, 呈自本心. 不識本心, 學法無益, 識心見性,[127] 卽悟[128]大意.

---

124 南廊下 : 〔S〕 南廊下, 〔敦博〕〔旅博〕 南廊

125 惠能聞已 : 〔敦博〕 惠能聞已, 〔S〕 惠問已, 〔旅博〕 惠能問已

126 題 : 〔敦博〕〔旅博〕 題, 〔S〕 提

127 性 : 〔敦博〕 性, 〔S〕〔旅博〕 姓

128 悟 : 〔旅博〕 悟, 〔S〕〔敦博〕 吾

혜능이 말하였다. "내가 이곳에서 방아를 찧은 지 8개월 남짓이지만 방 앞에는 가보지 못하였소. 그대가 나를 데리고 남쪽 회랑에 가서 이 게를 보고 예배할 수 있게 해주시오. 나 또한 이 게를 외워 다음 생의 인연을 맺어 불지佛地[129]에 태어나고 싶소." 동자가 혜능을 데리고 남쪽 회랑에 이르렀다. 혜능은 바로 이 게에 예배하였고, 글자를 알지 못했기 때문에 어떤 이에게 읽어 달라 하였다. 혜능은 듣자마자 대의를 이해하였다. 혜능도 게 한 수를 지어, 이번에는 글을 쓸 줄 아는 사람에게 서쪽 벽에 써줄 것을 부탁하여 자기 본래의 마음을 드러냈다. 본래의 마음을 알지 못한다면 법을 배웠다 해도 이익이 없으니, 마음을 알고 성품을 보아야 큰 뜻[130]을 깨닫는 것이다.

---

129 '불지佛地'는 문맥상 '불토佛土', '정토淨土'의 뜻이다.

130 여기에서의 '대의大意'는 사전적 의미로서의 '대의'와는 차이가 있는 '(불법의) 깊은 뜻' 혹은 '큰 뜻'의 의미이다.

惠能偈曰:

菩提本無樹, 明鏡亦無臺.
佛性[131]常淸[132]淨, 何處有塵埃.

又偈曰:

心是菩提樹, 身爲明鏡臺.
明鏡本淸淨, 何處染塵埃.

---

131 性 : 〔敦博〕 性, 〔S〕〔旅博〕 姓

132 淸 : 〔敦博〕〔旅博〕 淸, 〔S〕 靑

혜능의 게는 다음과 같다.

보리에는 본래 나무가 없고,
명경에도 받침대 없네.
불성은 항상 청정하거늘,
어디에 먼지가 있으리오.

또 게를 지었다.

마음은 보리수요,
몸은 명경대라.
명경은 본래 청정하거늘,
어디에 먼지 끼겠는가.

院內徒[133]衆, 見能作此偈盡怪. 惠能却入碓坊. 五祖[134]忽來廊下,[135] 見惠能偈,[136] 卽知識[137]大意, 恐衆人知. 五祖乃謂衆人曰, "此亦未得了."

133 徒 : 〔敦博〕 徒, 〔S〕〔旅博〕 從

134 祖 : 〔敦博〕〔旅博〕 祖, 〔S〕 褐

135 忽來廊下 : 〔敦博〕〔旅博〕 忽來廊下, 〔S〕 忽

136 偈 : 〔敦博〕 偈, 〔S〕〔旅博〕 但

137 知識 : 〔敦博〕〔旅博〕 知識, 〔S〕 善知識

사원의 대중은 혜능이 지은 이 게를 보고 모두 놀랐다. 혜능은 다시 방앗간으로 돌아갔다. 오조가 문득 회랑에 왔다가 혜능의 게를 보고 큰 뜻을 깨쳤음을 아셨으나, 대중이 알까 염려하였다. 오조는 이에 대중에게 "이 또한 아직 깨달음을 얻지 못했다"라고 하셨다.

五祖夜至[138]三更, 喚惠能堂內, 說金剛經. 惠能一聞, 言下便悟.[139] 其夜受法,[140] 人盡不知. 便傳頓法[141]及衣, 以[142]爲六代祖. 衣將[143]爲信禀, 代代相傳, 法以心傳心, 當令自悟. 五祖言, "惠能, 自古傳法,[144] 氣如懸絲.[145] 若住此間,[146] 有人害汝, 即[147]須速去."

---

138 至 : 〔敦博〕〔旅博〕 至, 〔S〕 知

139 悟 : 〔旅博〕 悟, 〔S〕 伍, 〔敦博〕 吾

140 受法 : 〔S〕〔旅博〕 受法, 〔敦博〕 法˘受

141 法 : 〔S〕〔旅博〕 法, 〔敦博〕 教

142 以 : 〔敦博〕〔旅博〕 以, 〔S〕 汝

143 衣將 : 〔S〕〔旅博〕 衣將, 〔敦博〕 將衣

144 法 : 〔S〕〔旅博〕 法, 〔敦博〕 去

145 絲 : 〔S〕〔旅博〕 絲, 〔敦博〕 玆

146 間 : 〔敦博〕 間, 〔S〕〔旅博〕 聞

147 即 : 〔敦博〕 即, 〔S〕〔旅博〕 汝即

오조께서 야심한 삼경에 혜능을 방으로 불러 『금강경』을 설해주셨다. 혜능은 한 번 듣고서 말 끝에 바로 깨달았다. 그날 밤에 법을 받았는데, 아무도 알지 못하였다. 바로 돈오의 법과 가사를 전해주시어 6대 조사로 삼았다. 가사는 (법을 이어받은) 신표信表로 삼아[148] 대대로 전하고, 법은 마음으로써 마음을 전해 스스로 깨닫도록 해야 한다며 오조께서 말씀하셨다. "혜능아, 예로부터 법을 전하는 일은 목숨(氣息)이 가는 실에 매달린 것처럼 위태로웠느니라.[149] 여기에 머물면 누군가 너를 해칠 수 있으니, 속히 떠나라."

---

148 '신품信稟'의 경우, 용례가 보이지는 않으나 문맥을 반영하여 '신표信表'로 새겼다. 다만, 글자체의 유사성을 고려해 볼 때 '신품信稟'이 '신표信表'일 가능성도 있다.

149 '기여현사氣如懸絲'에서 '氣'는 '목숨'을 의미하는 '기식氣息'의 뜻으로 보았다. 따라서 이 부분은 번역과 같이 '목숨이 가는 실에 매달린 상태'를 가리키는데, 또는 '목숨이 금방이라도 끊어질 듯 가느다란 실낱같다'라는 의미로도 볼 수 있다. 모두 목숨이 위태로운 상황을 뜻한다.

能得衣法, 三更發去. 五祖自送能, 於[150]九江驛. 登時便別, 五[151]祖處分, "汝去努力, 將法向南. 三年勿弘, 此法難起.[152] 在後弘化, 善誘迷人. 若得心開, 汝悟[153]無別." 辭違已了, 便發向南.[154]

---

150 於 : 〔S〕 於, 〔敦博〕 生, 〔旅博〕 至

151 別五 : 〔敦博〕〔旅博〕 別五, 〔S〕 悟

152 起 : 〔敦博〕〔旅博〕 起, 〔S〕 去

153 汝悟 : 〔S〕 汝悟, 〔敦博〕 與悟, 〔旅博〕 與吾 〈이와 같이 세 본의 경우가 각각 다르나, 문맥상 의미가 통하므로 모두 반영이 가능하다.〉

154 向南 : 〔S〕〔旅博〕 向南, 〔敦博〕 南

혜능은 의법을 받고 삼경에 떠났다. 오조께서는 친히 구강역에서 혜능을 전송해주셨다. 즉각(登時) 떠나려는데, 오조께서 당부의 말씀을 하셨다. "너는 힘써 법을 가지고 남쪽으로 향하라. 3년은 펼치지 말지니, 이 법은 일으키기 어렵기 때문이다. 이후에 널리 교화하여 미혹한 이들을 잘 이끌어라. (그들의) 마음이 열리고 나면 (너의) 깨달음과 다름이 없을 것이다." 이별의 인사를 마치고 바로 남쪽으로 출발하였다.

兩月中間, 至大庚[155]嶺, 不知向後有數百人來, 欲擬捉[156]惠能奪衣[157]法. 來[158]至半路, 盡惣却迴, 唯有一僧, 姓陳, 名惠順, 先是三品將軍, 性行粗惡. 直至嶺上, 來趁把[159]着. 惠能卽還法衣, 又不肯取. "我故遠來求法, 不要其衣." 能於嶺上, 便傳法[160]惠順. 惠順得聞, 言下心開. 能使惠順, 卽却向北化人.[161]

---

155 庚 : 〔S〕〔敦博〕〔旅博〕 庚 〈'庾'의 오자인 듯하다.〉

156 捉 : 〔敦博〕〔旅博〕 捉, 〔S〕 頭

157 衣 : 〔敦博〕〔旅博〕 衣, 〔S〕 於

158 來 : 〔S〕〔敦博〕 來, 〔旅博〕 來(路*卜)

159 把 : 〔敦博〕〔旅博〕 把, 〔S〕 犯

160 傳法 : 〔S〕〔旅博〕 傳法, 〔敦博〕 傳法買

161 化人 : 〔敦博〕〔旅博〕 化人, 〔S〕 化人來

두어 달 사이에 대유령大庾嶺[162]에 이르렀는데, 뒤따라 얼마나 많은 사람들이 혜능에게서 의법을 빼앗으려 쫓아왔는지 모르겠다. 도중에 모두 돌아가고 성은 진陳이요, 이름은 혜순惠順[163]이라는 한 스님만이 남았는데, 이전에는 삼품장군이었으며 성질과 행실이 조악하였다. 대유령 정상에 이르러 쫓아온 그에게 붙잡히고 말았다. 혜능은 즉각 법의를 주었으나, 뜻밖에 손에 넣으려 하지 않고 "내가 일부러 멀리서 온 것은 법을 구해서이지 그 가사를 원했던 것이 아니다"라고 하였다. 혜능은 대유령 정상에서 혜순에게 법을 전하였다. 혜순은 듣고서 말이 끝나자마자 마음이 열리게 되었다. 혜능은 혜순에게 북으로 돌아가 사람들을 교화하도록 하였다.

---

162 대유령大庾嶺 : 중국 강서성 대유현 남쪽에 위치한 5령 중 하나. 강서와 광동을 잇는 산맥.

163 혜순惠順 : 후대의 판본은 모두 惠明으로 바꾸었으나, 돈황본들에는 오직 惠順으로 되어 있으므로 본서는 이에 따른다.

惠能來於[164]此地, 與諸官寮[165]道俗, 亦有累劫之因. 教是先聖[166]所傳, 不是惠能自知. 願聞先聖[167]教者, 各須淨心. 聞了願自除[168]迷, 如[169]先代悟. ≪下是法≫

---

164 於 : 〔敦博〕〔旅博〕 於, 〔S〕 衣

165 寮 : 〔敦博〕〔旅博〕 寮, 〔S〕 奪

166 聖 : 〔敦博〕〔旅博〕 聖, 〔S〕 性

167 聖 : 〔敦博〕〔旅博〕 聖, 〔S〕 性

168 除 : 〔敦博〕〔旅博〕 除, 〔S〕 餘

169 如 : 〔敦博〕〔旅博〕 如, 〔S〕 於

혜능이 이곳에 와서 여러 관료, 도인, 속인들과 함께함은 헤아릴 수 없이 오랜 겁의 인연이 있어서다. 이 가르침은 선대의 성인께서 전해주신 것이지, 혜능 자신이 알아낸 것이 아니다. 선대 성인의 가르침을 듣고자 한다면 각자 마음을 깨끗이 하라. 가르침을 듣고서 각자 미혹을 제거하면 선대 성인의 깨달음과 같을 것이다. ≪이하는 바로 그 법이다.≫

惠能大師喚言,

善知識, 菩提般若之智,[170] 世人本自有之, 卽緣心迷, 不能自悟, 須求大善知識示道見性.[171] 善知識, 愚人知人, 佛性本亦無差別. 只緣迷悟, 迷卽爲愚, 悟卽成智.[172]

---

170 智 : 〔敦博〕 智, 〔S〕〔旅博〕 知

171 性 : 〔S〕〔敦博〕 性, 〔旅博〕 姓

172 愚人知人 佛性本亦無差別 只緣迷悟 迷卽爲愚 悟卽成智 : 〔敦博〕 愚人知人 佛性本亦無差別 只緣迷悟 迷卽爲愚 悟卽成智, 〔S〕 遇悟成智, 〔旅博〕 遇人智人 佛姓本亦無差別 只緣迷悟 迷卽爲遇 悟卽成智

혜능 대사께서 말씀하셨다.

선지식이여, 보리반야의 지혜는 세상 사람들이 본래 가지고 있으나, 마음이 미혹하기 때문에 스스로 깨닫지 못하는 것이니, 마땅히 대선지식께서 도를 보이신 것을 좇아서 성품을 보아야 한다. 선지식이여, 어리석은 사람이든 지혜로운 사람이든 그들의 불성은 본래 차별이 없다. 단지 미혹함과 깨달음에서 연유하는 것이니, 미혹하면 어리석은 사람이 되고, 깨달으면 지혜로운 사람이 되는 것이다.

善知識, 我此法門, 以定惠爲本. 弟[173]一勿迷言惠定別. 定惠[174]體一[175]不二. 卽定是惠體, 卽惠是定用, 卽惠之時定在惠, 卽定之時惠在定.

---

173 弟 : 〔S〕〔敦博〕〔旅博〕 弟 〈'弟'는 '第'와 통용된다.〉

174 定惠 : 〔S〕 定惠, 〔敦博〕〔旅博〕 惠定 〈이때의 '惠'는 '慧'로 새기는 것이 합당할 듯하다.〉

175 一 : 〔S〕〔旅博〕 一, 〔敦博〕 不一

선지식이여, 나의 이 법문은 정혜定慧를 근본으로 삼는다. 무엇보다도[176] 정과 혜가 다르다고 어리석게 말하지 마라.[177] 정과 혜는 한 몸이니, 서로 다른 두 가지가 아니다. 곧 정은 혜의 본체요, 곧 혜는 정의 작용이니, 곧 (지)혜가 드러날 때 정이 그 혜 안에 있고, 곧 (선)정에 들어가 있을 때 혜가 그 정 안에 있다.

---

176 '제일第一'의 뜻을 강한 부정의 의미로 보는 견해도 있어 참고가 된다. 여기에서는 '무엇보다도'로 번역하여 의미를 강조하는 뜻을 드러냈다.

177 미언迷言은 '미혹되다'의 의미를 반영하여 '실수로 말하다', '바보같이 말하다'로 볼 수 있다.

善知識, 此義卽是惠等.[178] 學道之人作意, 莫言先定發惠, 先惠發定, 定惠各別. 作此見者, 法有二相, 口說善, 心不善, 惠定不等. 心口俱善, 內外一種,[179] 定惠卽等. 自悟修行, 不在口諍. 若諍先後, 卽是迷人,[180] 不斷勝負, 却生法我, 不離四相.

---

178 惠等 : 〔S〕〔敦博〕 惠等, 〔旅博〕 惠等學 〈문맥상 '定惠等'이 되어야 옳을 듯하여 이를 번역에 반영하였다. 다만 글자체의 유사성을 고려하면 '是惠等'의 '是'가 '定'의 오자일 가능성도 있다. 참고로 '惠等學'으로 되어 있는 〔旅博〕 본의 경우도 '學'을 동사로 새길 수 있으므로, 의미상으로는 통하는 점이 있다.〉

179 一種 : 〔敦博〕 一種, 〔S〕〔旅博〕 一衆種 〈〔S〕〔旅博〕 본에 모두 '一衆種'으로 되어 있는 까닭은 알 수 없다. 대장경에서도 다른 용례가 보이지는 않는다. '種'의 뜻도 다소 부자연스러운 면이 있으나 '(한) 종류', '(한) 가지' 정도의 의미로 새기고, 문맥상 '一種'으로 확정하였다.〉

180 迷人 : 〔敦博〕〔旅博〕 迷人, 〔S〕 人

선지식이여, 이 뜻인즉슨 정과 혜가 같다는 것이다. 불도를 배운다는 자가 생각을 억지로 지어내어서는, 먼저 정을 닦고 난 다음에 혜를 일으키는 것이라거나, 먼저 혜를 닦은 다음에 정을 일으키는 것이라면서, 정과 혜가 각각 다르다고 말해서는 안 된다. 이러한 견해를 지닌 자들은 법에 (차별된) 두 상相이 있다고 여겨서, 입으로는 선을 말하지만 마음은 선하지 않으니, 정과 혜가 같지 않다. 마음과 입으로 하는 말이 모두 선하여, 안팎이 일치해야 정과 혜가 같을 것이다. 스스로 깨닫는 수행은 언쟁에 달려 있지 않다. 그 (정과 혜의) 선후를 가지고 쟁론한다면 어리석은 사람이니, 승부를 (가리려는 마음을) 끊지 못하고 도리어 법法과 아我(에 대한 집착)를 일으켜 사상四相(我相·人相·衆生相·壽者相)에서 벗어나지 못하게 된다.

一行三昧者, 於一切時中, 行住坐[181]臥, 常行[182]眞心是. 淨名經云, '眞心是道場', '眞心是淨土.' 莫心行[183]諂曲,[184] 口說法直. 口說一行三昧, 不行眞心, 非佛弟子. 但行眞心, 於一切法上, 無[185]有執着, 名一行三昧.

181 坐 : 〔敦博〕〔旅博〕 坐, 〔S〕 座

182 行 : 〔敦博〕〔旅博〕 行, 〔S〕 眞

183 心行 : 〔S〕 心行, 〔旅博〕 心ˇ行, 〔敦博〕 行心

184 曲 : 〔敦博〕 曲, 〔S〕〔旅博〕 典

185 上無 : 〔敦博〕〔旅博〕 上無, 〔S〕 無上

일행삼매란, 어느 시각에서든 가거나 머물거나 앉았거나 누웠거나 항상 참된 마음[186]을 실행하는 것이다. 『정명경』에, '참된 마음이 도량이다', '참된 마음이 정토다'라 한 뜻과 같다.[187] 마음으로는 아첨을 일삼으면서, 입으로만 법의 곧음을 말하지 마라. 입으로만 일행삼매를 말하면서, 참된 마음을 실행하지 않는 사람은 부처의 제자가 아니다. 단지 참된 마음을 실행할 뿐이며, 어떤 법에 대해서도 집착하지 않는 것을 일행삼매라고 한다.

---

186 참된 마음(眞心)은 『유마경』에는 '直心'으로 되어 있으나, 〔S〕, 〔敦博〕, 〔旅博〕 세 본이 동일하게 '眞'이므로, '眞'으로 새겼다. 후대에 의도적으로 '直'으로 바꾸어 해석되었을 가능성도 있으며, 송대宋代에는 '眞'을 '直'으로 썼다는 설도 있다. 이하 '眞心'이 등장하는 경우도 모두 동일하게 본다.

187 『維摩詰所說經』「菩薩品」 T14, p.542c, "直心是道場.", 같은 책 「佛國品」 T14, p.538a, "直心是菩薩淨土."

迷人着法相, 執一行三昧, 眞心坐[188]不動, 除妄不起心, 卽是一行三昧. 若如是, 此法同無情,[189] 却是障道因緣. 道須[190]通流, 何以却滯? 心在住[191]卽通流, 住卽彼[192]縛. 若坐[193]不動是, 維摩詰不合呵舍利弗宴坐[194]林中.

---

188 坐 : 〔敦博〕〔旅博〕 坐, 〔S〕 座

189 情 : 〔敦博〕〔旅博〕 情, 〔S〕 淸

190 須 : 〔敦博〕〔旅博〕 須, 〔S〕 順

191 在住 : 〔敦博〕〔旅博〕 在住, 〔S〕 住在.

192 彼 : 〔S〕〔敦博〕〔旅博〕 彼 〈'彼'는 내용상 '被'(피동)의 의미로 볼 수 있다.〉

193 坐 : 〔敦博〕〔旅博〕 坐, 〔S〕 座 〈'坐禪'의 의미이므로 '坐'가 적절하다.〉

194 坐 : 〔敦博〕〔旅博〕 坐, 〔S〕 座

어리석은 사람은 법의 상에 집착하고 일행삼매에 집착하여, 참된 마음으로 좌선한다 하면서 전혀 움직이지 않고, 망상을 제거하여 어떤 마음도 일으키지 않는 것을 일행삼매라고 한다. 이와 같다면, 이런 법은 마치 무정과 같아서 오히려 도를 가로막는 인연이 될 뿐이다. 도는 순조롭게 흘러야 하는데 어찌하여 도리어 막을 것인가? 마음이 머무름이 없으면[195] 도는 순조롭게 흐르겠지만, 마음이 머물면 속박되는 것이다. 가만히 앉아 움직이지 않는 좌선이 옳다고 한다면, 유마힐이 숲속에서 고요히 앉아 좌선한 사리불을 꾸짖어서는 안 되었을 것이다.

---

195 원문의 '在住'는 내용상 '無住'가 적절하며, '在'는 초서의 '无'와 유사하여 형태상의 혼동이 있었던 것으로 보인다. 번역은 '無住'로 하였다. 참고로 양증문이나 스즈키 본 등에서는 의미를 고려하여 '不住'로 교감한 듯하다.

善知識, 又見有人教人坐,[196] 看心看淨,[197] 不動不起, 從此置功. 迷人不悟, 便執成顚.[198] 卽有數百般[199]如此教道者, 故知[200]大錯.

善知識, 定惠猶如何等? 如燈光, 有燈卽有光, 無燈卽無光. 燈是光之[201]體, 光是燈之用. 名卽[202]有二, 體無兩般, 此定惠法, 亦復如是.

---

196 坐 : 〔敦博〕〔旅博〕 坐, 〔S〕 座

197 看淨 : 〔S〕〔旅博〕 看淨, 〔敦博〕 淨

198 顚 : 〔S〕〔旅博〕 顚, 〔敦博〕 顚倒

199 般 : 〔敦博〕 般, 〔S〕〔旅博〕 盤

200 知 : 〔敦博〕〔旅博〕 知, 〔S〕 之

201 之 : 〔敦博〕〔旅博〕 之, 〔S〕 知

202 名卽 : 〔敦博〕〔旅博〕 名卽, 〔S〕 卽

선지식이여, 어떤 이들은 좌선을 가르치면서 '마음을 잘 간수하고 청정함을 잘 간수하여 무엇에도 흔들리지 말고 어떤 생각도 일으키지 말라'고 하며 이를 공부로 삼게 한다. 어리석은 자들은 깨닫지 못한 채, 그 말에 집착하여 전도된 견해를 갖게 된다. 이와 같이 도를 가르치는 자들이 무수히 많으니 대단히 잘못된 것임을 알아야 한다.

선지식이여, 정과 혜를 무엇에 비교할 수 있을까? 등과 그 빛의 관계와 같으니, 등이 있으면 빛이 있지만, 등이 없으면 빛도 없다. 등은 빛의 본체이고, 빛은 등의 작용이다. 이름은 둘이지만 체에는 두 가지가 없으니, 이 정혜의 법도 이와 같다.

善知識, 法無頓漸, 人有利鈍. 迷[203]卽漸勸, 悟人頓修. 識自本心,[204] 是見本性.[205] 悟卽元無差別, 不悟卽長劫輪迴.

---

203 迷 : 〔敦博〕〔旅博〕 迷, 〔S〕 明

204 本心 : 〔敦博〕〔旅博〕 本心, 〔S〕 本

205 性 : 〔S〕〔敦博〕 性, 〔旅博〕 姓

선지식이여, 법에는 돈과 점이 없으나 사람에게는 영리함과 둔함이 있다. 미혹한 이는 점차적으로 힘쓰고, 깨달은 사람은 단박에 닦는다. 자기의 본래 마음을 아는 것이 바로 본성을 보는 일이니, 깨닫고 나면 원래 차별이 없지만 깨닫지 못하면 무수한 겁 동안 윤회할 것이다.

善知識, 我自法門, 從上已來, 頓漸皆立. 無念爲[206]宗, 無相爲[207]體, 無住爲[208]本. 何名[209]爲相無相? 於相而離相. 無念者, 於念而不念.

---

206 爲 : 〔敦博〕〔旅博〕 爲, 〔S〕 無

207 爲 : 〔敦博〕〔旅博〕 爲, 〔S〕 無

208 爲 : 〔敦博〕〔旅博〕 爲, 〔S〕 無爲

209 名 : 〔敦博〕〔旅博〕 名, 〔S〕 明

선지식이여, 우리 법문에서는[210] 예로부터 돈과 점을 모두 세웠었다. 무념無念을 종宗으로 하고, 무상無相을 체體로 하며, 무주無住를 본本으로 한다. 상이면서 상이 없다 함은 무엇을 말하는가?[211] 상에서 상을 여의는 것이다. 무념이란 생각에서 생각하지 않는 것이다.

---

210 '아자법문我自法門'은 문맥상 '내가 계승한 법문'의 의미가 있으므로 '우리 법문에서는'으로 번역하였다.

211 '何名爲<u>相</u>無相'에서 밑줄 친 '相' 자가 없는 것이 의미상 자연스러우나, 글자대로 새긴다면 '상에서 무상이라는 것은 무엇을 말하는가?' 정도로 번역된다. 그 뜻은 '상이면서도 상이 없다 함', 즉 '상이지만 상에 매이지 않음'으로 볼 수 있다. 한편 가능성은 적으나 '相無相'을 하나의 개념으로 보는 경우나, '爲<u>相</u>無相'의 밑줄 친 '相' 앞에 '無'자가 빠졌을 경우('…爲無相. 無相…')도 고려해 볼 수 있다.

無住者, 爲人本性,[212] 念念不住. 前念今念[213]後念, 念念相續,[214] 無有斷絶. 若一念斷絶, 法身卽離[215]色身. 念念時中, 於一切法上無住, 一念若住, 念念卽住, 名繫縛. 於一切法上, 念念不住, 卽無縛也, 以無住爲本.

---

212 性 : 〔S〕〔敦博〕 性, 〔旅博〕 姓

213 今念 : 〔旅博〕 今念, 〔S〕〔敦博〕 念念

214 續 : 〔敦博〕〔旅博〕 續, 〔S〕 讀

215 離 : 〔敦博〕〔旅博〕 離, 〔S〕 是離

무주란 사람의 본성이니, 생각 생각에 머무르지 않는 것이다. 이전의 생각, 현재의 생각, 앞으로의 생각이, 생각 생각마다 이어져, 끊어지는 일이 없다. 만약 한 생각이라도 끊어진다면, 법신이 색신과 곧 분리될 것이다. 생각 생각 중에서도 모든 법에 머무름이 없어야 하니, 한 생각이라도 머문다면 생각 생각에 머무는 것이 되므로 이를 계박繫縛이라고 한다. 모든 법에서 생각 생각이 머무르지 않으면 속박이 없으리니, 이런 까닭에 무주를 본으로 삼는다.

善知識, 外離[216]一切相, 是無相.[217] 但能離相, 性[218]體淸淨,[219] 是以無相爲體. 於一切境[220]上不染, 名爲無念. 於自念上離境,[221] 不[222]於法上念生. 莫百物不思, 念盡除却. 一念斷卽無, 別處受生.

---

216 離 : 〔S〕〔敦博〕 離, 〔旅博〕 雜

217 一切相是無相 : 〔S〕〔旅博〕 一切相是無相, 〔敦博〕 一切相

218 性 : 〔S〕〔敦博〕 性, 〔旅博〕 姓

219 淸淨 : 〔敦博〕 淸淨, 〔S〕〔旅博〕 淸淨是

220 境 : 〔敦博〕〔旅博〕 境, 〔S〕 鏡

221 離境 : 〔敦博〕 離境, 〔S〕 離鏡, 〔旅博〕 雜境

222 不 : 〔敦博〕〔旅博〕 不, 〔S〕 不不

선지식이여, 밖으로 일체의 상에서 벗어나는 것을 무상이라고 한다. 다만 상에서 벗어날 수 있다면 성품의 본체(體)는 청정하리니, 이런 까닭에 무상을 체體로 삼는다. 어떤 경계도 오염되지 않는 것을 무념이라 한다. 자신의 생각에서 경계를 여의고, 법에서 생각을 일으키지 않는 것이다. 그러나 어떤 대상에 대해서도 전연 생각을 하지 않고, 생각을 완전히 제거하려고 하지 마라. 한 생각이 끊어지면 곧바로 없어져[223], 다른 곳에서 몸을 받아 태어날 것이다.

---

223 여기서 '없어진다(無)'는 것은 문맥상 '죽음'을 의미한다. 참고로 후대 판본에서는 '一念絶卽死'로 교감하기도 하였다.

學道者, 用心. 莫不識[224]法意, 自錯尙可, 更勸他人迷, 不自見迷, 又謗經法. 是以立無念爲宗. 卽緣迷[225]人於境[226]上有念, 念上便起[227]邪[228]見, 一切塵勞妄念, 從此而生.

224 識 : 〔敦博〕〔旅博〕 識, 〔S〕 息

225 迷 : 〔敦博〕〔旅博〕 迷, 〔S〕 名

226 境 : 〔敦博〕〔旅博〕 境, 〔S〕 鏡

227 起 : 〔敦博〕〔旅博〕 起, 〔S〕 去

228 邪 : 〔S〕〔旅博〕 邪, 〔敦博〕 取

도를 배우는 자는 이 점을 유념하라. 법의 뜻을 알지 못하면서 자신의 어리석은 잘못을 오히려 옳다고 여기고, 더하여 다른 사람마저 미혹하게 하지 말아야 하니, 스스로 미혹을 보지 못하는 것일 뿐만 아니라 경전의 가르침을 비방하는 짓이니라. 그런 까닭에 무념을 종지로 삼는 것이다. 어리석은 사람은 대상 경계에서 생각을 갖게 되고, 그 생각에서 곧 삿된 견해를 일으키니, 모든 번뇌 망상은 이로부터 생긴다.

然此教門立無念爲宗. 世人離境,[229] 不起於念, 若無有念, 無念亦不立. 無者, 無何事? 念者, 何物? 無者, 離二相諸塵勞. 眞如是念之體, 念是眞如之用. 性[230]起念, 雖卽見聞覺知,[231] 不染萬境[232]而常自在. 維摩[233]經云, '外能善分別諸法相, 內於第[234]一義而不動.'

---

229 離境 : 〔敦博〕 離境, 〔S〕 離見, 〔旅博〕 雜境

230 性 : 〔敦博〕〔旅博〕 性, 〔S〕 姓

231 知 : 〔敦博〕〔旅博〕 知, 〔S〕 之

232 境 : 〔敦博〕〔旅博〕 境, 〔S〕 鏡

233 摩 : 〔S〕〔敦博〕 摩, 〔旅博〕 磨

234 第 : 〔S〕〔旅博〕 弟, 〔敦博〕 苐

그러므로 이 교문에서는 무념을 종宗으로 삼는다. 세상 사람들은 경계를 여의면 생각도 일어나지 않는다고 하지만, 만일 생각이 없다면 무념이라는 말 또한 성립하지 않는다. 없다는 것은 무엇이 없다는 뜻인가? 생각이라는 것은 무엇인가? 없다는 것은 두 상相을 세우는 일체의 번뇌를 여읜다는 것이다. 진여는 생각의 본체이며, 생각은 진여의 작용이다. 본성이 생각을 일으키니, 비록 보고 듣고 느끼고 아는 작용이 있더라도 어떤 경계에도 물들지 않고 항상 자재하다. 그러므로 『유마경』에 '밖으로는 제법의 상을 잘 분별하면서도 안으로는 제일의제第一義諦에서 움직이지 않는다'[235]라고 한 것이다.

---

235 『維摩詰所說經』「佛國品」T14, p.537c13, "能善分別諸法相, 於第一義而不動."

善知[236]識, 此法門中座[237]禪, 元不着[238]心, 亦不着[239]淨, 亦不言動. 若言[240]看心, 心元是妄, 妄如幻[241]故, 無所看也.

---

236 知 : 〔敦博〕〔旅博〕 知, 〔S〕 諸

237 座 : 〔S〕〔敦博〕〔旅博〕 座 〈'座'는 '坐'로 씀이 옳을 듯하다. 이하 동일.〉

238 着 : 〔S〕〔敦博〕〔旅博〕 着 〈이하의 내용을 참고해보면 '看' 자의 오기로도 보인다. 양증문도 '着'을 '看'의 오자로 보고 '看'으로 교감하였다. '看'을 반영할 경우 번역은 '원래 마음을 살피지 않고 청정함도 살피지 않는 것' 정도로 볼 수 있어 내용상으로는 '看'이 자연스럽다. 그러나 후대의 판본 중에는 '着'으로 해석한 경우도 있어, 여기에서는 원본의 글자대로 번역하였다. 이하 동일.〉

239 着 : 〔S〕〔敦博〕〔旅博〕 着

240 若言 : 〔S〕〔旅博〕 若言, 〔敦博〕 若

241 幻 : 〔S〕〔敦博〕 幻, 〔旅博〕 幼

선지식이여, 이 법문에서의 좌선坐禪이란 원래 마음에도 집착하지 않고, 청정함에도 집착하지 않는 것일 뿐만 아니라, 움직임(動)에 대해서도 말하지 않는 것이다. 마음을 살피는 것으로 말하자면, 마음은 원래 허망한 것이요, 허망함은 마치 허깨비와 같으므로 살필 대상조차도 없는 것이다.

若言看淨, 人性[242]本淨,[243] 爲妄※念[244]故, 盖[245]覆眞如, 離妄念本性[246]淨. 不見自性[247]本淨, 起心[248]看淨, 却生淨妄, 妄無處所.[249] 故知看者看, 却是[250]妄也.

---

242 性 : 〔敦博〕 性, 〔S〕〔旅博〕 姓

243 淨 : 〔S〕〔旅博〕 淨, 〔敦博〕 體

244 ※ 이 표기 부분부터 「北京圖書館藏 千字文崗 48호 卷子」 본 시작됨.

245 盖 : 〔S〕〔敦博〕〔北圖〕 盖, 〔旅博〕 益

246 性 : 〔敦博〕〔北圖〕 性, 〔S〕〔旅博〕 姓

247 性 : 〔敦博〕〔北圖〕 性, 〔S〕〔旅博〕 姓

248 起心 : 〔敦博〕〔旅博〕〔北圖〕 起心, 〔S〕 心起

249 妄無處所 : 〔S〕〔旅博〕 妄無處所, 〔敦博〕〔北圖〕 無處所

250 却是 : 〔S〕〔敦博〕〔旅博〕 却是, 〔北圖〕 却

청정함을 살피는 것으로 말하자면, 사람의 성품은 본래 청정하지만 망념으로 말미암아 진여를 덮어 가리니, 망념을 떠나기만 한다면 본성은 청정하다. 자성이 본래 청정함을 보지 못하고 마음을 일으켜 청정을 살피려 하므로, 도리어 청정이라는 망념(淨妄)이 발생하는데, 망념은 본래 있는 곳이 없다. 그러므로 살피는 사람의 살피는 작용이 도리어 망념이 됨을 알라.

淨無形相, 却立淨相, 言是功夫, 作此見者, 鄣[251]自本性,[252] 却被[253]淨縛. 若不動者, 見一切人過患, 是性[254]不動. 迷人自身不動, 開口卽說人是非,[255] 與道違背. 看心看淨, 却是障[256]道因緣.

---

251 鄣 :〔敦博〕〔北圖〕 鄣, 〔S〕〔旅博〕 章

252 性 :〔敦博〕〔北圖〕 性, 〔S〕〔旅博〕 姓

253 被 :〔S〕〔旅博〕〔北圖〕 被, 〔敦博〕 彼

254 性 :〔S〕〔敦博〕〔北圖〕 性, 〔旅博〕 姓

255 是非 :〔S〕〔敦博〕〔旅博〕 是非, 〔北圖〕 是

256 障 :〔S〕〔敦博〕〔北圖〕 障, 〔旅博〕 (童*卜)障

청정은 어떤 형상도 없는데 도리어 청정하다는 상相을 세우면서 이것을 공부라 말하니, 이러한 견해를 가진 사람은 자기의 본성을 가로막아 도리어 청정이라는 생각에 속박되고 만다. 부동不動이란 어떤 사람의 과오나 환난을 보더라도 이 성품이 동요하지 않는 것이다. 어리석은 사람은 자기 몸은 동요하지 않을지라도, 입을 열기만 하면 다른 사람의 옳고 그른 점을 말하니 도와는 어긋난다. 마음을 살피고 청정함을 살피는 것이 도리어 도를 가로막는 인연이 된다.

今記[257]如[258]是, 此法門中, 何名座禪? 此法門中, 一切無礙, 外於一切境界上, 念不起[259]爲座, 見本性[260]不亂爲禪. 何名爲禪定? 外離[261]相曰禪, 內不亂曰定. 外若有相, 內性[262]不亂, 本性自淨曰定.[263] 只緣境觸,[264] 觸[265]卽亂, 離相不亂卽定. 外離相卽禪, 內外[266]不亂卽定. 外禪內定, 故名禪定.

---

257 記 : 〔S〕〔敦博〕〔旅博〕〔北圖〕 記 〈'旣'의 오기인 듯하다.〉

258 如 : 〔敦博〕〔旅博〕〔北圖〕 如, 〔S〕 汝

259 起 : 〔敦博〕〔旅博〕〔北圖〕 起, 〔S〕 去

260 性 : 〔敦博〕〔北圖〕 性, 〔S〕〔旅博〕 姓

261 離 : 〔敦博〕〔北圖〕 離, 〔S〕〔旅博〕 雜

262 性 : 〔敦博〕〔旅博〕〔北圖〕 性, 〔S〕 姓

263 本性自淨曰定 : 〔敦博〕〔北圖〕 本性自淨曰定, 〔S〕 本自淨自定, 〔旅博〕 本性自淨自定

264 觸 : 〔S〕〔旅博〕〔北圖〕 觸, 〔敦博〕 解

265 觸 : 〔S〕〔旅博〕〔北圖〕 觸, 〔敦博〕 解

266 內外 : 〔S〕〔敦博〕〔旅博〕〔北圖〕 內外 〈문맥상 '內'가 되어야 옳다.〉

이제 이와 같다고 할진대, 이 법문에서는 무엇을 좌선이라 하는가? 이 법문에는 일체의 걸림이 없으니, 밖으로 온갖 경계에 처해도 생각[267]이 일어나지 않는 것을 '앉는다(坐)'고 하며, 본성을 보아 어지럽지 않음을 '선禪'이라 한다. 무엇을 선정禪定이라고 하는가? 밖으로는 상相에서 벗어난 것을 선禪이라 하고, 안으로는 어지럽지 않음을 정定이라 한다. 밖에 상相이 있어도 안의 성품이 어지럽지 않아 본성이 본래 청정한 것을 정定이라 한다. 다만 대상으로 인해 마음작용이 일어나고[268] 마음작용이 일어나면 어지러워지니, 상相에서 벗어나 어지럽지 않은 것이 정定이다. 밖으로는 상에서 벗어난 것이 선禪이요, 안으로는 어지럽지 않은 것이 정定이다. 밖으로 선禪이고 안으로 정定이기에 선정이라 하는 것이다.

---

267 여기에서의 '생각(念)'은 문맥상 '망념'의 의미가 있다.

268 촉觸은 인식기관인 근根, 인식대상인 경境, 인식으로서의 식識, 즉, 근경식根境識 세 가지의 화합을 말한 것이다. 여기에서는 마음의 작용이 일어나는 것으로 보았다.

維摩經云, “卽是豁然, 還得本心.” 菩薩[269]戒云, “本源[270]自性[271]淸淨.” 善知識, 見自性[272]自淨. 自修自作自性[273]法身. 自行佛行, 自作[274]自成佛道.

---

269 菩薩 : 〔S〕〔敦博〕〔旅博〕 菩薩, 〔北圖〕 薩˘菩

270 源 : 〔旅博〕 源, 〔S〕 須, 〔敦博〕〔北圖〕 原

271 性 : 〔敦博〕〔旅博〕〔北圖〕 性, 〔S〕 姓

272 性 : 〔敦博〕〔旅博〕〔北圖〕 性, 〔S〕 姓

273 性 : 〔敦博〕〔旅博〕〔北圖〕 性, 〔S〕 姓

274 自作 : 〔S〕〔旅博〕 自作, 〔敦博〕〔北圖〕 作

『유마경』에 "그 즉시 활짝 트여 본래의 마음을 되찾으리라"[275] 하였고, 『보살계경』에서는 "본래 근원인 자성은 청정하다"[276]고 하였다. 선지식이여, 자성이 본래 청정함을 보라. 스스로 닦고 스스로 이루는 것이 자성법신이다. 스스로 행함이 부처의 행이며, 스스로 이루고 스스로 성취함이 불도다.

---

275 『維摩詰所說經』「弟子品」 T14, p.541a, "卽時豁然, 還得本心."

276 『梵網經』 권하 T24, p.1003c, "是一切衆生戒本源自性淸淨."

善知識, 惣須自聽.[277] 與受無相戒, 一時逐惠能口道.
令[278]善知識, 見自三身佛.[279]

於自色身[280]歸依[281]清淨法身佛.

於自色身歸依[282]千百億化身佛.

於自色身歸依[283]當來[284]圓滿報身佛. ≪已上三唱≫

277 聽 : 〔敦博〕〔旅博〕〔北圖〕 聽, 〔S〕 體 〈문맥상 '聽'이 적절하나, 양증문처럼 〔S〕 본의 '體'를 반영할 경우, '체득하다'의 뜻으로도 볼 수 있다.〉

278 令 : 〔S〕〔敦博〕〔旅博〕 令, 〔北圖〕 今

279 三身佛 : 〔S〕〔旅博〕〔北圖〕 三身佛, 〔敦博〕 三身

280 於自色身 : 〔S〕〔旅博〕〔北圖〕 於自色身, 〔敦博〕 自色身

281 依 : 〔敦博〕〔旅博〕〔北圖〕 依, 〔S〕 衣

282 依 : 〔敦博〕〔旅博〕〔北圖〕 依, 〔S〕 衣

283 依 : 〔敦博〕〔旅博〕〔北圖〕 依, 〔S〕 衣

284 來 : 〔S〕〔旅博〕 來, 〔敦博〕〔北圖〕 身

선지식이여, 모두들 특별히 잘 듣도록 하라. 무상계를 줄 터이니 다들 함께 혜능의 말을 따라 하도록 하라. 선지식들로 하여금 자신의 삼신불을 보게 하리라.

나의 육신의 청정법신불에게 귀의하옵니다.
나의 육신의 천백억화신불에게 귀의하옵니다.
나의 육신의 미래의 원만보신불에게 귀의하옵니다.
≪이상 삼창≫

色身是舍宅, 不可言歸向者. 三身在自[285]法性, 世人盡有, 爲迷[286]不見, 外覓三世如來,[287] 不見自色身[288]中三世佛.[289] 善知識聽. 與[290]善知識說. 令[291]善知識, 於[292]自色身, 見自法性有三世佛. 此三身佛, 從自性[293]上生.

---

285 在自 : 〔S〕〔旅博〕 在自, 〔敦博〕〔北圖〕 自在

286 迷 : 〔敦博〕〔旅博〕〔北圖〕 迷, 〔S〕 名

287 三世如來 : 〔敦博〕〔北圖〕 三世如來, 〔S〕 三如來, 〔旅博〕 三聖如來

288 自色身 : 〔S〕〔敦博〕〔旅博〕 自色身, 〔北圖〕 色身

289 三世佛 : 〔敦博〕〔旅博〕〔北圖〕 三世佛, 〔S〕 三性佛

290 與 : 〔敦博〕〔旅博〕〔北圖〕 與, 〔S〕 汝

291 令 : 〔S〕〔敦博〕〔旅博〕 令, 〔北圖〕 今

292 於 : 〔敦博〕〔旅博〕〔北圖〕 於, 〔S〕 衣

293 從自性 : 〔敦博〕 從(此*ト)自性, 〔旅博〕〔北圖〕 從自性, 〔S〕 從性

육신은 집채에 불과하므로 '돌아가 의지할 만한 곳'이라고 말할 수 없다. 삼신은 자기 법성에 있는 것이니, 세상 사람들이라면 모두 갖추고 있으나 미혹하여 보지 못하기 때문에, 밖으로 삼세여래를 찾으며 자기 육신 안의 삼세불은 보지 못하는 것이다. 선지식들이여, 들어라. 선지식에게 설하리라. 선지식들로 하여금 자기 육신에서 자기 법성이 삼세불[294]을 갖추고 있음을 보게 하리라. 이 삼신불은 자성에서 생기는 것이다.

294 '삼세불三世佛', '삼신불三身佛'의 경우, 번역에서도 용어를 통일하지 않고 원문의 상태대로 두어 당시 문헌의 특성을 보여주도록 하였다.

何名淸淨身佛? 善知識, 世人性本自淨, 萬法在自性,[295] 思量一切惡事, 卽行於惡行,[296] 思量一切善事, 便修於善行. 知如是一切法, 盡在自性.[297] 自性常淸淨,[298] 日月常明,[299] 只爲雲覆盖, 上明[300]下暗, 不能了見日月星[301]辰, 忽遇惠風吹散卷盡雲霧, 萬像參羅, 一時皆現.

---

295 在自性 : 〔旅博〕〔北圖〕 在自性, 〔S〕 在自姓, 〔敦博〕 自性在

296 思量一切惡事卽行於惡行 : 〔旅博〕 思量一切惡事卽行於惡行, 〔S〕 思量一切事卽行衣惡, 〔敦博〕〔北圖〕 思惟一切惡事卽行於惡行

297 性 : 〔敦博〕〔旅博〕〔北圖〕 性, 〔S〕 姓

298 自性常淸淨 : 〔旅博〕 自性常淸淨, 〔S〕 自姓常淸淨, 〔敦博〕〔北圖〕 常淸淨

299 明 : 〔敦博〕〔旅博〕〔北圖〕 明, 〔S〕 名

300 明 : 〔敦博〕〔旅博〕〔北圖〕 明, 〔S〕 名

301 星 : 〔敦博〕〔旅博〕〔北圖〕 星, 〔S〕 西

무엇을 청정(법)신불[302]이라고 하는가? 선지식이여, 세상 사람들의 성품은 본래 청정하고 만법은 자성에 있으니, 온갖 악한 일을 사량하면 악행을 행하게 되고 온갖 선한 일을 사량하면 선행을 닦게 된다. 이처럼 모든 법은 남김없이 자성에 있음을 알라. 자성이 항상 청정함은, 해와 달이 항상 밝지만 다만 구름에 뒤덮이면 위는 밝아도 아래는 어두워서 일월성신을 또렷이 볼 수 없다가, 홀연 화창하게 바람이 불어 구름과 안개가 모두 걷히면 삼라만상이 일시에 모두 드러나는 것과 같다.

---

302 '청정신불清淨身佛'에서는 문맥상 '身佛' 앞에 '法' 자가 결락된 것으로 보인다. 번역은 원문의 상태를 반영하되 "청정(법)신불"과 같이 '법' 자에 괄호처리를 하여 그 의미를 명확히 하였다.

世人性淨, 猶如淸天. 惠如日, 智如月,[303] 智惠常明,[304] 於外看境,[305] 妄念浮雲, 盖覆自性,[306] 不能明. 故遇善知識, 開眞正法,[307] 吹却迷[308]妄, 內外明[309]徹, 於自性[310]中, 萬法皆現.[311] 一切法在自性,[312] 名爲淸淨法身. 自歸依[313]者, 除不善心及不善行,[314] 是名歸依.[315]

303 惠如日智如月 : 〔S〕〔敦博〕〔旅博〕 惠如日智如月, 〔北圖〕 惠如日

304 明 : 〔敦博〕〔旅博〕〔北圖〕 明, 〔S〕 名

305 境 : 〔敦博〕〔旅博〕〔北圖〕 境, 〔S〕 敬

306 性 : 〔敦博〕〔旅博〕〔北圖〕 性, 〔S〕 姓

307 眞正法 : 〔敦博〕〔旅博〕〔北圖〕 眞正法, 〔S〕 眞法

308 迷 : 〔敦博〕〔旅博〕〔北圖〕 迷, 〔S〕 名

309 明 : 〔敦博〕〔旅博〕〔北圖〕 明, 〔S〕 名

310 性 : 〔敦博〕〔旅博〕〔北圖〕 性, 〔S〕 姓

311 現 : 〔敦博〕〔旅博〕〔北圖〕 現, 〔S〕 見

312 在自性 : 〔敦博〕〔旅博〕 在自性, 〔S〕 自在姓, 〔北圖〕 自在性

313 依 : 〔敦博〕〔旅博〕〔北圖〕 依, 〔S〕 衣

314 除不善心及不善行 : 〔敦博〕〔旅博〕〔北圖〕 除不善心及不善行, 〔S〕 除不善行

315 依 : 〔敦博〕〔旅博〕〔北圖〕 依, 〔S〕 衣

세상 사람들의 성품이 청정함은 마치 맑은 하늘과 같다. 혜慧는 해와 같고, 지智는 달과 같아서, 지혜는 항상 밝지만 밖에 대상 경계가 있다고 보아 망념이 뜬구름처럼 자성을 뒤덮어 밝지 못한 것이다. 그러므로 선지식을 만나 참된 정법을 열어 미망을 불어 꺼버리면, 안팎이 밝게 통하여 자성 가운데 만법이 모두 드러날 것이다. 일체의 법이 자성에 있으니 이를 청정법신이라 한다. 자기에게 귀의한다는 것은 불선한 마음과 불선한 행위를 제거한다는 뜻이니, 이를 귀의라 한다.

何名爲千百億化身佛? 不[316]思量性卽空寂, 思量卽是自化. 思量惡法化爲地獄, 思量善法化爲天堂, 毒害化爲畜生, 慈悲化爲菩薩, 智惠化爲上界, 愚[317]癡化爲下方. 自性[318]變化甚多,[319] 迷人自不知. 見一念善, 智[320]惠卽生.

---

316 不 : 〔S〕〔敦博〕〔旅博〕 不, 〔北圖〕 不可

317 愚 : 〔S〕〔敦博〕〔北圖〕 愚, 〔旅博〕 (遇*卜)愚

318 性 : 〔敦博〕〔旅博〕〔北圖〕 性, 〔S〕 姓

319 多 : 〔敦博〕〔北圖〕 多, 〔S〕〔旅博〕 名

320 智 : 〔敦博〕〔旅博〕〔北圖〕 智, 〔S〕 知

무엇을 천백억화신불이라 하는가? 사량하지 않으면 성품은 그대로 공적하지만, 사량하게 되면 스스로 변화한다. 악법을 사량하면 지옥으로 변화하고 선법을 사량하면 천당으로 변화하며, 해독을 끼칠 것을 사량하면 축생으로 변화하고 자비를 베풀 것을 사량하면 보살로 변화하며, 지혜로운 생각을 하면 상계로 변화하고 어리석은 생각을 하면 하방계로 변화한다. 자성이 변화함이 참으로 다양하건만, 어리석은 사람은 스스로 알지 못한다. 한 찰나에 선함을 보면 지혜는 그 즉시 생겨나리라.

一燈能除千年闇, 一智能滅萬年愚. 莫思向前, 常思於後. 常後念善, 名爲報身. 一念惡報却千年善心, 一念[321]善報却千年惡滅. 無常已來, 後念善, 名爲報身. 從法身思量卽是化身, 念念善卽是報身. 自悟自修, 卽名歸依[322]也. 皮肉是色身, 是舍宅,[323] 不在歸依[324]也. 但悟三身, 卽識大意.[325]

---

321 一念 : 〔S〕〔敦博〕〔旅博〕 一念, 〔北圖〕 念˘一

322 依 : 〔敦博〕〔旅博〕〔北圖〕 依, 〔S〕 衣

323 是舍宅 : 〔S〕〔旅博〕 是舍宅, 〔敦博〕〔北圖〕 舍宅

324 歸依 : 〔S〕 歸依, 〔敦博〕〔旅博〕〔北圖〕 歸

325 意 : 〔敦博〕〔旅博〕〔北圖〕 意, 〔S〕 億

하나의 등불이 천 년의 어둠을 걷고, 하나의 지혜가 만 년의 어리석음을 없애느니라. 지난 일을 생각지 말고 항상 다음 일을 생각하라. 항상 다음 생각[326]이 선한 것을 보신報身이라고 한다. 한 찰나의 악한 업보가 천 년의 선한 마음을 물리치고, 한 찰나의 선한 업보가 천 년의 악을 없앤다. 덧없이 살아온 이래로[327] 다음 생각이 선한 것을 보신이라고 한다. 법신을 따라 사량하면 화신이고, 찰나마다 선하면 보신이다. 스스로 깨달아 스스로 닦는 것을 귀의라고 한다. 가죽과 살은 육신이요, (임시로 머무는) 집채이니, 귀의할 곳이 아니다. 다만 (자성이) 삼신임을 깨달으면, 곧 큰 뜻을 이해할 것이다.

---

326 후념後念은 '그 다음의 생각'으로 보았다. 즉 앞으로의 것을 생각하는 것인데, 또는 '念'을 '찰나'로 볼 때 '뒤 순간'의 뜻으로도 볼 수 있을 듯하다.

327 '무상한 이래로는' 곧 '언제라고 정의할 수 없는' 또는 '언제인지 알 수 없는 때부터'의 뜻이므로 '언제든지', '언제나'의 의미로도 볼 수 있다.

今旣自歸依三身佛已, 與善知識, 發四弘大願. 善知識, 一時逐惠能道.

衆生無邊誓願度.

煩惱無邊誓願斷.

法門無邊誓願學.[328]

無上佛道誓願成. ≪三唱[329]≫

---

328 學 : 〔S〕〔敦博〕〔北圖〕 學, 〔旅博〕 覺

329 唱 : 〔S〕〔敦博〕〔旅博〕 唱, 〔北圖〕 昌

이제 이미 스스로 삼신불에 귀의한다는 서원을 마쳤으니, 선지식들과 사홍대원을 발하리라. 선지식이여, 다들 함께 혜능을 따라 말하라.

다함없는 중생을 맹세코 제도하리라.
다함없는 번뇌를 맹세코 끊으리라.
다함없는 법문을 맹세코 배우리라.
위없는 불도를 맹세코 이루리라. ≪삼창≫

善知識, 衆生無邊誓願度, 不是惠能度. 善知識, 心中衆生, 各於自身自性自度.[330] 何名自性[331]自度? 自色身中, 邪見煩惱[332]愚癡迷[333]妄, 自有本覺性, 只本覺性, 將正見度.[334] 旣悟正見, 般若之智, 除却愚癡迷妄, 衆生各各自度. 邪來正度, 迷來悟度,[335] 愚來智度, 惡來善度, 煩惱來菩提[336]度. 如是度者, 是名眞度.

---

330 自性自度 :〔旅博〕自性自度,〔S〕自姓自度,〔敦博〕自性自,〔北圖〕自性

331 性 :〔敦博〕〔旅博〕〔北圖〕性,〔S〕姓

332 惱 :〔S〕〔敦博〕〔旅博〕惱,〔北圖〕性

333 迷 :〔敦博〕〔旅博〕〔北圖〕迷,〔S〕名

334 自有本覺性 只本覺性 將正見度 :〔敦博〕〔旅博〕〔北圖〕自有本覺性 只本覺性 將正見度,〔S〕自有本覺性 將正見度

335 邪來正度 迷來悟度 :〔旅博〕邪來正度 迷來悟度,〔S〕邪見正度 迷來悟度,〔敦博〕〔北圖〕迷來悟度

336 菩提 :〔敦博〕菩提,〔S〕〔旅博〕菩薩,〔北圖〕⺾提

선지식이여, '다함없는 중생을 맹세코 제도하리라'라는 말은 혜능이 제도한다는 뜻이 아니다. 선지식이여, 마음속에서 중생이 각자 자기 몸의 자성으로 스스로 제도한다는 말이다. 자성으로 스스로 제도한다는 것은 무슨 말인가? 자기 육신 중의 삿된 견해, 번뇌, 어리석음, 미망 등에도 응당 본래 깨달음의 성품이 있으니, 다만 그 본래 깨달음의 성품이 정견으로 제도하는 것이다. 정견을 깨닫게 되면 반야의 지혜로 어리석음과 미망을 제거할 것이니, 이는 중생 각자가 스스로 제도하는 것이다. 삿됨이 오면 바름으로 제도하고, 미혹이 오면 깨침으로 제도하며, 어리석음이 오면 지혜로 제도하고, 악이 오면 선으로 제도하며, 번뇌가 오면 보리로 제도한다. 이와 같이 제도하는 것을 참된 제도라고 한다.

煩惱無邊誓願斷, 自心除虛妄. 法門無邊誓願學, 學無上正法. 無上佛道誓願成, 常下心行, 恭敬一切, 遠離迷執, 覺智[337]生般若, 除却迷妄. 卽自[338]悟佛道, 成行誓願力.

337 智 : 〔敦博〕〔旅博〕〔北圖〕 智, 〔S〕 知

338 卽自 : 〔S〕〔敦博〕〔旅博〕 卽自, 〔北圖〕 卽

‘다함없는 번뇌를 맹세코 끊으리라’는 서원은 자기 마음의 허망함을 없애겠다는 말이다. ‘다함없는 법문을 맹세코 배우리라’는 서원은 위없는 정법을 배우겠다는 말이다. ‘위없는 불도를 맹세코 이루리라’는 서원은 항상 하심下心을 행하고 모두를 공경하며, 미혹과 집착에서 훌쩍 벗어나 깨달음의 지혜로 반야를 일으켜 미망을 제거하겠다는 말이다. 이것이 바로 스스로 불도를 깨닫고 서원의 힘을 완성하는 길이다.

今旣[339]發四弘誓願訖,[340] 與善知識, 無相懺悔, 三世罪[341]障. 大師言,

'善知識,

前念後念及今念, 念念[342]不被愚[343]迷染.

從前惡行[344]一時, 自性[345]若除卽是懺悔.[346]

---

339 旣 : 〔S〕〔旅博〕〔北圖〕 旣, 〔敦博〕 卽

340 訖 : 〔S〕〔旅博〕 訖, 〔敦博〕〔北圖〕 說

341 罪 : 〔S〕〔敦博〕〔北圖〕 罪, 〔旅博〕 (羅*卜)罪

342 念念 : 〔旅博〕〔北圖〕 念念, 〔S〕〔敦博〕 念

343 愚 : 〔S〕〔敦博〕〔旅博〕 愚, 〔北圖〕 遇

344 從前惡行 : 〔S〕〔旅博〕 從前惡行, 〔敦博〕〔北圖〕 從何西行

345 性 : 〔敦博〕〔旅博〕〔北圖〕 性, 〔S〕 姓

346 〈'悔' 자는 바로 앞 구절의 '一時' 다음에 놓여야 할 것이 잘못 들어간 것으로 보인다. 이를 참고하여 교감하면 '從前惡行一時悔, 自性若除卽是懺'이 된다. 양증문도 이 부분을 7언구의 형식으로 보았는데, 해당 부분은 '從前惡行一時ㅁ, 自性若除卽是懺, 悔…'로 보고, 앞의 7언구 중에서는 '時' 자 뒤에 한 글자가 결락된 것으로, 뒤의 7언구 중 '悔' 자는 후대에 첨기된 것으로 보았다. 또한 '時' 자 뒤에 결락된 글자는 '除'로 보았는데, 내용상 '悔'가 적절하며, '悔'는 과거의 잘못을 아는 것, 즉 뉘우침의 뜻으로 볼 수 있다.〉

이제 사홍서원의 발원을 마쳤으니 선지식들과 함께 삼세 동안 쌓은 죄의 업장을 무상참회無相懺悔하리라. 대사께서 말씀하셨다.

'선지식이여!
앞 생각, 뒷 생각, 지금의 생각에서
찰나마다 어리석음과 미혹함에 물들지 않겠습니다.
이전의 악행을 일시에 뉘우치고,
자성으로 제거하면 그것이 곧 참회입니다.

前念後念及今念,[347] 念念不被[348]愚癡染.

除却從前[349]矯雜[350]心, 永斷名爲自性懺.

前念後念及今念,[351] 念念[352]不被疸疾[353]染.

除却從前疾垢心, 自性若除卽是懺.' ≪已上三唱[354]≫

347 今念 : 〔S〕〔旅博〕 今念, 〔敦博〕〔北圖〕 念

348 不被 : 〔敦博〕〔旅博〕〔北圖〕 不被, 〔S〕 被

349 從前 : 〔S〕〔旅博〕 從前, 〔敦博〕〔北圖〕 從何

350 矯雜 : 〔敦博〕〔北圖〕 矯雜, 〔S〕〔旅博〕 矯誰

351 今念 : 〔敦博〕 今念, 〔北圖〕 念˘今, 〔S〕〔旅博〕 念

352 念念 : 〔敦博〕〔旅博〕〔北圖〕 念念, 〔S〕 念

353 疸疾 : 〔旅博〕 疸疾, 〔S〕 瘄疾, 〔敦博〕〔北圖〕 疸疫

354 唱 : 〔S〕〔敦博〕〔旅博〕 唱, 〔北圖〕 昌

앞 생각, 뒷 생각, 지금의 생각에서
찰나마다 어리석음과 몽매함에 물들지 않겠습니다.
종전의 속이고 꾸며대던 마음을 제거하오니,
영원히 끊는 것을 자성의 참회라 합니다.
앞 생각, 뒷 생각, 지금의 생각에서
찰나마다 미움과 원망에 물들지 않겠습니다.
종전의 사납고 더러운 마음을 제거하오니,
자성으로 제거하면 그것이 곧 참회입니다.'
≪이상 삼창≫

善知識, 何名懺悔? 懺悔[355]者, 終身不作. 悔者, 知於前非. 惡業恒不離心, 諸佛前口說無益. 我此法門中, 永斷不作, 名爲懺悔.

355 懺悔懺悔 : 〔旅博〕 懺悔懺悔, 〔S〕〔敦博〕〔北圖〕 懺悔 〈문맥상으로는 '懺'이어야 옳을 듯하다.〉

선지식이여, 무엇을 참회라고 하는가? 참懺이란, 일생토록 (악업을) 짓지 않는 것이다. 회悔란, 이전의 잘못을 아는 것이다. 악업이 항상 마음에서 떠나지 않으면서, 모든 부처님 앞에서 입으로만 참회하는 것은 아무 이익이 없다. 나의 이 법문에서는 (악업을) 영원히 끊고 더 이상 짓지 않는 것을 참회라 한다.

'今旣懺悔[356]已, 與善知識, 受無相三歸依戒.' 大師言, '善知[357]識!

歸依[358]覺, 兩足尊,
歸依[359]正, 離欲尊,[360]
歸依[361]淨, 衆中尊,

從今已後, 稱佛爲師, 更不歸依[362]邪迷[363]外道, 願自三寶[364]慈悲證明.'[365]

---

356 懺悔 : 〔S〕〔旅博〕〔北圖〕 懺悔, 〔敦博〕 懺
357 知 : 〔敦博〕〔北圖〕 知, 〔S〕〔旅博〕 智
358 依 : 〔敦博〕〔旅博〕〔北圖〕 依, 〔S〕 衣
359 依 : 〔敦博〕〔旅博〕〔北圖〕 依, 〔S〕 衣
360 離欲尊 : 〔敦博〕〔旅博〕〔北圖〕 離欲尊, 〔S〕 離欲
361 依 : 〔敦博〕〔旅博〕〔北圖〕 依, 〔S〕 衣
362 依 : 〔敦博〕〔旅博〕〔北圖〕 依, 〔S〕 衣
363 邪迷 : 〔敦博〕〔北圖〕 邪迷, 〔S〕 餘邪名, 〔旅博〕 餘邪迷
364 三寶 : 〔S〕〔敦博〕〔旅博〕 三寶, 〔北圖〕 三寶佛者覺也
365 證明 : 〔敦博〕〔旅博〕〔北圖〕 證明, 〔S〕 燈名

'이제 이미 참회를 마쳤으니, 선지식과 함께 무상삼귀의계를 받으리라.' 대사께서 말씀하셨다. '선지식이여!

양족존인 깨달음에 귀의합니다.[366]
이욕존인 바름에 귀의합니다.
중중존인 청정에 귀의합니다.

지금 이후로는 부처를 스승으로 삼고 다시는 삿되고 미혹한 외도에 귀의하지 않겠사오니, 원컨대 자성의 삼보[367]께서는 자비로 증명하옵소서.'[368]

---

366 귀의각歸依覺 양족존兩足尊, 귀의정歸依正 이욕존離欲尊, 귀의정歸依淨 중중존衆中尊은 이하의 문맥상 불佛·법法·승僧 삼보三寶를 각각 '깨달음', '바름', '청정'으로 상징한 것으로 보인다.

367 자삼보自三寶는 내용상 뒤에 오는 '신삼보身三寶', 즉 '자신의 삼보'와 같은 뜻으로 생각되나, 글자대로 '자성의 삼보'로 새겼다. '身' 자가 '自'의 오기일 가능성도 있다.

368 문맥상 이하에 '삼창三唱'이 생략된 듯하다.

善知識, 惠能勸[369]善知識, 歸依身[370]三寶. 佛者[371]覺也, 法者正也, 僧者淨也. 自心歸依覺,[372] 邪迷[373]不生, 少欲知足, 離財離色, 名兩足尊. 自心歸依[374]正, 念念無邪故, 卽無[375]愛着, 以無愛着, 名離欲尊. 自心歸依[376]淨, 一切塵勞妄念, 雖在自性,[377] 自性[378]不染着, 名衆中尊.

---

369 勸 :〔敦博〕〔旅博〕〔北圖〕 勸, 〔S〕 勸善

370 歸依身 :〔敦博〕〔旅博〕 歸依身, 〔S〕 歸衣, 〔北圖〕 歸依

371 佛者 :〔S〕〔旅博〕〔北圖〕 佛者, 〔敦博〕 者˘佛

372 歸依覺 :〔S〕〔敦博〕〔旅博〕 歸依覺, 〔北圖〕 歸依

373 迷 :〔敦博〕〔旅博〕〔北圖〕 迷, 〔S〕 名

374 歸依 :〔敦博〕〔北圖〕 歸依, 〔S〕〔旅博〕 歸

375 無 :〔敦博〕〔旅博〕〔北圖〕 無, 〔S〕 元

376 歸依 :〔敦博〕〔北圖〕 歸依, 〔S〕〔旅博〕 歸

377 性 :〔敦博〕〔旅博〕〔北圖〕 性, 〔S〕 姓

378 性 :〔敦博〕〔旅博〕〔北圖〕 性, 〔S〕 姓

선지식이여, 혜능은 선지식들에게 권하노니, 자신의 삼보에 귀의하라. 불佛은 깨닫다, 법法은 바르다, 승僧은 청정하다는 뜻이다. 자기 마음이 깨달음에 귀의하면 삿되고 미혹함이 일어나지 않으며, 욕심은 적어지고 족함을 알게 되어 재색財色에 대한 집착에서 벗어나니, 이를 '양족존兩足尊'이라 한다. 자기 마음이 바름에 귀의하면 생각 생각에 삿된 견해가 없으므로 애착이 없으리니, 애착이 없기에 이를 '이욕존離欲尊'이라 한다. 자기 마음이 청정함에 귀의하면 온갖 번뇌나 망념이 비록 자성에 있더라도 자성이 이에 물들지 않으므로 '중중존衆中尊'이라 한다.

凡夫解[379]從日至日受三歸依[380]戒. 若言歸佛, 佛在何處? 若不見佛, 卽無所歸. 旣無所歸, 言却是妄. 善知識, 各自觀察, 莫錯用意. 經中只[381]言自歸依佛, 不言歸依[382]他佛. 自性[383]不歸[384]無所處.

---

379 解 : 〔S〕〔敦博〕〔旅博〕 解, 〔北圖〕 解脫

380 依 : 〔敦博〕〔旅博〕〔北圖〕 依, 〔S〕 衣

381 只 : 〔敦博〕〔旅博〕〔北圖〕 只, 〔S〕 只卽

382 歸依 : 〔敦博〕〔北圖〕 歸依, 〔S〕〔旅博〕 歸

383 性 : 〔敦博〕〔旅博〕〔北圖〕 性, 〔S〕 姓

384 歸 : 〔S〕〔敦博〕〔旅博〕 歸, 〔北圖〕 歸依

범부는 날이면 날마다 삼귀의계를 받을 줄만 안다. 부처에 귀의한다고 말하지만 그러면 부처는 어디에 있는가? 부처를 보지 못한다면 귀의할 곳이 없다. 귀의할 곳이 없게 된 이상, (귀의한다는) 말도 허망해지고 만다. 선지식이여, 각자 스스로 관찰하되 생각으로 헤아리려 하지 마라.[385] 경전에서는 다만, '스스로 부처에 귀의하라'[386] 하였지 다른 부처에 귀의하라고 하지 않았다. 자성에 귀의하지 않는다면 귀의할 곳이란 없다.

---

385 '막착용의莫錯用意'에서 '意' 자는 '마음'보다는 '생각'으로 보았다. '錯' 자는 '잘못(착)'의 의미보다는 '意'의 뜻을 반영하여 '두다(措)'의 의미로 보는 것이 적절할 듯하다. 즉, '생각(意)을 쓰지 말고' 또는 '생각으로 헤아리지 말고'의 뜻으로 보았다. 참고로 후대 판본에서는 '意' 자를 '心'으로 교감한 경우도 있다.

386 10권 본 『華嚴經』 권14 「淨行品」 T10, p.70a29, "自歸於佛, 當願衆生, 紹隆佛種, 發無上意."의 문구에서 대의를 취한 것으로 보인다.

今旣自歸依[387]三寶, 愡各各至心. 與善知識, 說摩訶般若波羅蜜法.[388] 善知識, 雖念不解, 惠能與說, 各各聽. 摩訶般若波羅蜜者, 西國梵語, 唐言大智惠彼岸到. 此法須行, 不在口念.[389] 口念不[390]行, 如如化, 修行者法身與佛等也.

---

387 依 : 〔敦博〕〔旅博〕〔北圖〕 依, 〔S〕 衣

388 波羅蜜法 : 〔S〕〔敦博〕〔旅博〕 波羅蜜法, 〔北圖〕 波羅蜜

389 口念 : 〔敦博〕〔旅博〕〔北圖〕 口念, 〔S〕 口

390 不 : 〔S〕〔敦博〕〔北圖〕 不, 〔旅博〕 不不

이제 이미 스스로 삼보에 귀의하였으니 모두 각자 마음을 지극히 하여라. 선지식들에게 마하반야바라밀법을 설하리라. 선지식이여, 비록 입으로 외우더라도 이해하지 못할 경우가 있어, 혜능이 설명해 주리니 각자 귀 기울여 들어라. 마하반야바라밀은 인도의 범어이며, 한역하면 큰 지혜로 피안에 도달한다는 뜻이다. 이 법은 마땅히 실행해야 하는 것일 뿐, 입으로 외우는 데에 있지 않다. 입으로만 외우고 실행하지 않는다면 껍데기와 같겠지만,[391] 수행을 하는 자는 법신과 부처와 같게 될 것이다.

---

391 네 글자 구조를 고려할 때, '口念不行, 如如化'에서 '如如化' 다음에는 '幻' 자가 탈락되었을 가능성이 있다. '幻' 자를 생략할 경우, 문맥상 '如化'는 '죽음', '시체'의 의미로서 '껍데기'로 새겼다.

何名摩訶? 摩訶者是大. 心量廣大, 由[392]如虛空, 莫定心坐,[393] 卽落無記.[394] 空能含日月星辰大地山河一切草木, 惡人善人, 惡法善法, 天[395]堂地獄, 盡在空中. 世人性空, 亦復如是.

392 由 : 〔敦博〕〔旅博〕〔北圖〕 由, 〔S〕 猶 〈두 글자 모두 '같다'의 의미로 통용된다.〉

393 坐 : 〔旅博〕 坐, 〔S〕 座, 〔敦博〕 禪, 〔北圖〕 樿 〈〔S〕 본의 '座'로 볼 경우 명사 '마음자리(心座)'의 뜻으로도 볼 수 있다.〉

394 記 : 〔敦博〕〔旅博〕〔北圖〕 記, 〔S〕 旣

395 天 : 〔S〕〔敦博〕〔北圖〕 天, 〔旅博〕 空

무엇을 '마하'라고 하는가? 마하는 크다는 뜻이다. 마음의 크기는 광대하여 허공과 같지만, 마음을 가라앉히고 앉아 있으려 하지 말지니[396], 그러면 무기無記에 떨어지고 만다. 허공이 능히 일월성신, 대지산하, 일체초목을 품듯이, 악인과 선인, 악법과 선법, 천당과 지옥 모두가 공 가운데 있다. 세상 사람들의 성품이 공인 이치도 이와 같다.

---

396 스즈키는 '莫定心坐'를 '若空心座'로 교감하였다. 즉, '~하지 말라(莫)'의 의미가 아닌, '~하지 않으면(若)'으로 보고, '마음자리에 (제대로) 안정되지 않으면'의 뜻으로 보았다. 또한 이 구절은 다음 단락의 '空心不思'에 대응해볼 때, '莫空心坐'로도 볼 수 있을 듯하다.

性含萬法是大, 萬法盡是自性.[397] 見一切人及非人,[398] 惡之[399]與善, 惡法善法, 盡皆不捨, 不可染着, 由如[400]虛空, 名之爲大. 此是摩訶行. 迷人口念, 智者心.[401] 又有迷[402]人, 空心不思, 名之爲大, 此亦不是. 心量大[403]不行是小,[404] 莫口空說. 不修此行, 非我弟子.

---

397 性 : 〔敦博〕〔旅博〕〔北圖〕 性, 〔S〕 姓

398 及非人 : 〔S〕〔敦博〕〔旅博〕 及非人, 〔北圖〕 非人

399 之 : 〔敦博〕〔旅博〕〔北圖〕 之, 〔S〕 知

400 由如 : 〔S〕〔敦博〕〔旅博〕 由如, 〔北圖〕 由

401 心 : 〔S〕〔敦博〕〔旅博〕〔北圖〕 心 〈이하에 '行' 자가 탈락된 것으로 보인다.〉

402 迷 : 〔敦博〕〔旅博〕〔北圖〕 迷, 〔S〕 名

403 大 : 〔S〕〔旅博〕〔北圖〕 大, 〔敦博〕 (國*ト)大

404 小 : 〔敦博〕〔旅博〕〔北圖〕 小, 〔S〕 少

성품이 만법을 품으므로 크다(大)고 하니, 만법이 모두 그대로 자성이다. 모든 사람과 사람 아닌 것, 악함과 선함, 악법과 선법을 보지만 모두 버리지도 않고 물들지도 않으니 마치 허공과 같으므로 크다(大)고 한다. 이것이 마하행이다. 어리석은 사람은 입으로만 외고, 지혜로운 사람은 마음으로 행한다. 또 어리석은 사람은 마음을 텅 비우고 생각하지 않는 것을 크다고 하는데, 이 또한 옳지 않다. 마음이 크다 하더라도 행하지 않으면 작으니, 입으로만 헛되이 말하지 마라. 이 마하행을 실천하지 않으면 나의 제자가 아니다.

何名般若? 般若是智[405]惠. 一時中念念不愚,[406] 常行智惠, 卽名般若行. 一念愚[407]卽般若絶, 一念智卽般若生. 心中[408]常愚, 我修般若,[409] 無形相, 智惠性卽是.

405 智 : 〔S〕〔敦博〕〔北圖〕 智, 〔旅博〕 知

406 愚 : 〔S〕〔旅博〕 愚, 〔敦博〕〔北圖〕 思

407 愚 : 〔S〕〔旅博〕 愚, 〔敦博〕〔北圖〕 思

408 心中 : 〔S〕〔敦博〕〔旅博〕 心中, 〔北圖〕 心

409 般若 : 〔S〕〔敦博〕〔北圖〕 般若, 〔旅博〕 般(般*卜)若

무엇을 '반야'라고 하는가? 반야는 지혜다. 어느 때나 생각 생각이 어리석지 않고 항상 지혜를 행하는 것을 반야행이라고 한다. 한 생각만 어리석어도 바로 반야가 끊어지고, 한 생각만 지혜로워도 바로 반야가 생겨난다. 그런데 마음속은 항상 어리석으면서 '나는 반야를 닦는다'고 하지만, 반야란 형상이 없고 지혜로운 성품 바로 그것이다.

何名波羅蜜?[410] 此是西國梵音, 唐言[411]彼[412]岸到, 解義離生滅. 着[413]境[414]生滅起,[415] 如水有波浪,[416] 卽是於此岸, 離境無生滅, 如水永長流, 故卽名到彼岸, 故名波羅蜜. 迷人口念, 智者心行. 當念時有妄, 有妄卽非眞有. 念念若行,[417] 是名眞有. 悟此法者, 悟般若法, 修般若行. 不修卽凡, 一念修行, 法身等佛.

---

410 波羅蜜 :〔S〕〔旅博〕〔北圖〕 波羅蜜, 〔敦博〕 般若波羅蜜

411 唐言 :〔敦博〕〔旅博〕〔北圖〕 唐言, 〔S〕 言

412 彼 :〔S〕〔旅博〕〔北圖〕 彼, 〔敦博〕 波

413 着 :〔S〕〔敦博〕〔北圖〕 着, 〔旅博〕 (若*ㅏ)着

414 境 :〔敦博〕〔旅博〕〔北圖〕 境, 〔S〕 竟

415 起 :〔敦博〕〔旅博〕〔北圖〕 起, 〔S〕 去

416 波浪 :〔S〕〔敦博〕〔旅博〕 波浪, 〔北圖〕 浪˘波

417 行 :〔S〕〔旅博〕〔北圖〕 行, 〔敦博〕 不行

무엇을 '바라밀'이라 하는가? 이는 인도 범어이고 한역어로는 '피안에 이른다'고 하는데, 뜻을 풀면 '생멸에서 벗어났다'는 것이다. 경계에 집착하여 생멸이 일어남이 마치 물에 파랑이 이는 것과 같다 하여 이를 '차안에 머무른다'라 하고, 경계에서 벗어나 생멸이 없는 것은 마치 물이 끊임없이 흐르는 것과 같아서 이를 '피안에 이르다'라고 하니, '바라밀'의 뜻이다. 어리석은 사람은 입으로만 외우고, 지혜로운 사람은 마음으로 행한다. 외는 그 순간에 망심이 끼어드니, 망심이 끼어든다면 참으로 (지혜를) 가지고 있는 것이 아니다. 매순간 행한다면 이것을 참으로 가진 것이라고 한다. 이 법을 깨달으면 반야법을 깨닫고 반야행을 닦는 것이다. 닦지 않으면 범부이고, 일념으로 닦으면 법신과 부처와 같아질 것이다.

善知識, 卽煩惱是菩提,[418] 前[419]念迷[420]卽凡, 後念悟卽佛. 善知識, 摩訶般若波羅蜜, 最尊最上[421]第[422]一, 無住無去無來. 三世諸佛從中[423]出, 將大智[424]惠到[425]彼岸, 打破五陰煩惱塵勞. 最尊最上第[426]一, 讚[427]最上乘[428]法, 修行定成佛. 無去無住無來往, 是定惠等,[429] 不染一切法. 三世諸佛從中, 變三毒爲戒定惠.

---

418 菩提 : 〔S〕〔敦博〕〔旅博〕 菩提, 〔北圖〕 ++提

419 前 : 〔敦博〕〔旅博〕〔北圖〕 前, 〔S〕 捉前

420 迷 : 〔S〕〔敦博〕〔旅博〕 迷, 〔北圖〕 迷(人*卜)

421 最尊最上 : 〔S〕〔敦博〕〔旅博〕 最尊最上, 〔北圖〕 最上

422 第 : 〔S〕〔敦博〕〔旅博〕 第, 〔北圖〕 苐

423 中 : 〔S〕〔旅博〕 中, 〔敦博〕〔北圖〕 口

424 智 : 〔敦博〕〔旅博〕〔北圖〕 智, 〔S〕 知

425 到 : 〔S〕〔敦博〕〔旅博〕 到, 〔北圖〕 倒

426 第 : 〔S〕〔敦博〕〔旅博〕 第, 〔北圖〕 弟

427 讚 : 〔敦博〕〔北圖〕 讚, 〔S〕〔旅博〕 讚最上

428 乘 : 〔S〕〔敦博〕〔旅博〕 乘, 〔北圖〕 大乘

429 等 : 〔S〕〔敦博〕〔旅博〕 等, 〔北圖〕 荨

선지식이여, 번뇌 그대로가 곧 보리이니, 앞 순간에 미혹하면 범부요, 뒷 순간에 깨달으면 부처이다. 선지식이여, 마하반야바라밀은 가장 존귀하며 최상이고 가장 뛰어나며, 머무름도 없고 오고감도 없다. 삼세의 모든 부처께서 그 안에서 나오셔서 대지혜로써 피안에 이르러 오온의 번뇌를 타파하셨다. 가장 존귀하고 최상이며 가장 뛰어나기 때문에, 최상승법을 찬탄하고 수행하면 반드시 성불하리라. 감도 없고 머무름도 없으며 오고감이 없으니, 정과 혜가 평등하고 일체법에 물들지 않는다. 삼세의 모든 부처께서 그 안에서 삼독三毒을 바꾸어 계정혜戒定慧로 만드셨다.

善知識, 我此法門, 從八萬四千智[430]惠. 何以故? 爲世人[431]有八萬四千塵勞, 若無塵勞, 般若常在, 不離自性.[432] 悟此法者, 卽是無念無憶[433]無着, 莫起雜[434]妄, 卽自是眞如性.[435] 用智[436]惠觀照, 於一切法, 不取不捨, 卽見性[437]成佛道.

---

430 智 : 〔S〕〔敦博〕〔北圖〕 智, 〔旅博〕 知

431 爲世人 : 〔敦博〕〔旅博〕 爲世人, 〔S〕 爲世, 〔北圖〕 世人

432 性 : 〔敦博〕〔旅博〕〔北圖〕 性, 〔S〕 姓

433 憶 : 〔旅博〕 憶, 〔S〕〔敦博〕〔北圖〕 億

434 起雜 : 〔敦博〕〔北圖〕 起雜, 〔S〕 去誰, 〔旅博〕 起誰

435 性 : 〔敦博〕〔旅博〕〔北圖〕 性, 〔S〕 姓

436 智 : 〔敦博〕〔旅博〕〔北圖〕 智, 〔S〕 知

437 性 : 〔敦博〕〔旅博〕〔北圖〕 性, 〔S〕 姓

선지식이여, 나의 이 법문은 팔만사천 지혜로부터 나온 것이다. 무슨 까닭인가? 세상 사람에게 팔만사천 번뇌가 있지만, 번뇌가 없어지면 반야는 항상 있는 것이니 자성과 떨어져 있지 않기 때문이다. 이 법을 깨달으면 곧 무념無念, 무억無憶, 무착無着[438]이고, 잡된 망념을 일으키지 않으리니, 그것이 곧 진여의 성품이니라. 지혜로써 관조하여[439] 일체법에 대하여 취하지도 버리지도 않는다면, 곧 성품을 보아 불도를 이루리라.

---

438 무념無念, 무억無憶, 무착無着은 각각 단계적으로 연결되는 개념어로 볼 수 있다. 즉, 한 생각도 일어남이 없음이 '무념'이고, 그 생각으로 주관화함이 없음이 '무억'이며, 다시 그 생각을 대상화도 하지 않음이 '무착'이다. 또한 이로 인한 온갖 구체적인 감정이 곧 잡된 망념(雜妄)이라 할 수 있다. 참고로 이러한 관점은 『대승기신론大乘起信論』에서의 업식業識, 전식轉識, 현식現識의 설명 방식과 유사하다.

439 '용지혜관조用智惠觀照', 즉 '지혜로써 관조하다'는 '생각(意)을 쓰지 말라'는 의미를 담고 있다.

善知識, 若欲入甚深法界[440]入般若三昧者, 直須[441]修般若波羅蜜行. 但持金剛般若波羅蜜經一卷, 卽得見性, 入般若三昧. 當知此人功德無量, 經中分明[442]讚嘆[443]不能具說. 此是最上乘法, 爲大智上根人說, 少根智人若聞法, 心不生信, 何以故?

---

440 法界 : 〔S〕〔敦博〕〔旅博〕 法界, 〔北圖〕 心法界

441 直須 : 〔敦博〕〔旅博〕 直須, 〔S〕 直, 〔北圖〕 眞須

442 明 : 〔敦博〕〔旅博〕〔北圖〕 明, 〔S〕 名

443 嘆 : 〔S〕〔敦博〕〔旅博〕 嘆, 〔北圖〕 歎

선지식이여! 대단히 심오한 법계와 반야삼매에 들어가고자 하는 자는 반드시[444] 반야바라밀행을 닦아야 한다. 다만 『금강반야바라밀경』 한 권을 수지하여 독송한다면 바로 성품을 보고 반야삼매에 들어갈 수 있을 것이다. 응당 이 사람의 공덕이 한량없음을 알아야 하리니, 경전에서도 분명히 찬탄하고 있음은 이루 다 말할 수 없다. 이것은 최상승법이므로 큰 지혜를 가진 상근기의 사람에게 설하는 것이고, 작은 근기[445]의 지혜를 가진 사람은 법을 들어도 진심으로 믿음을 일으키지 못한다. 왜 그러한가?

444 부사로서 '直須…'는 뒤에 나오는 '但…'과 대응하여 볼 때, '直'을 허사처럼 다루어 '須', '大須', '是須' 등과 같은 뜻으로서 '(다만) 반드시'로 보았다.

445 '작은 근기'로 번역한 '少根'은 뒤에서는 '小根'으로 되어 있다. 아래의 단락에서도 '소근'의 '소' 자는 네 판본이 각각 '小'와 '少'로 나뉘어 있어, 당시에 두 글자가 통용되었을 가능성을 고려해 볼 수 있다.

譬如大龍, 若下大雨, 雨於[446]閻浮提, 如漂草葉, 若下大雨, 雨放[447]大海, 不增[448]不減. 若大乘者, 聞說金剛經, 心開悟解, 故知本性自有般若[449]之智, 自用智[450]惠觀照, 不假文字. 譬如其雨水不從天[451]有, 元[452]是龍王於江海中將身引此水, 令一切衆生, 一切草木, 一切有情無情, 悉皆蒙[453]潤. 諸水衆流, 却入大海, 海納衆水, 合爲一體, 衆生本性般若之智, 亦復如是.

---

446 於 : 〔旅博〕〔北圖〕 於, 〔S〕 衣, 〔敦博〕 提

447 〈앞에 나온 '雨於閻浮提'를 고려해보았을 때, 내용 및 문장구조 상 여기에서 '放'은 '於'의 오기로 보인다. 다만 '放'을 '흩뿌리다'의 뜻으로 보면 '雨放'은 '비를 뿌리다'의 뜻으로도 볼 수 있어 번역 상에서 큰 차이는 없다.〉

448 增 : 〔S〕〔旅博〕〔北圖〕 增, 〔敦博〕 曾

449 般若 : 〔S〕〔旅博〕 般若, 〔敦博〕〔北圖〕 本性

450 智 : 〔敦博〕〔旅博〕〔北圖〕 智, 〔S〕 知

451 天 : 〔敦博〕〔旅博〕〔北圖〕 天, 〔S〕 無

452 元 : 〔S〕〔敦博〕〔北圖〕 元, 〔旅博〕 無

453 蒙 : 〔敦博〕〔旅博〕〔北圖〕 蒙, 〔S〕 像

비유컨대 큰 용이 큰비를 내릴 경우 염부제閻浮提에 내리면 (모든 것이) 풀잎처럼 떠내려가지만, 큰비를 내리더라도 비가 대해에 내리면 불어나지도 줄지도 않는 것과 같다. 대승인[454]이라면 『금강경』 말씀을 듣고 마음이 열려 깨달아 알 것이니, 본성에 본디 반야의 지혜가 있음을 알아 스스로 지혜로써 관조하고 문자에 의지하지 않을 것이다. 비유하자면 빗물이 하늘로부터 내리는 것이 아니라, 원래 용왕이 강이나 바다에서 스스로 이 물을 끌어다가 일체중생과 일체초목, 그리고 일체의 유정과 무정 모두를 다 윤택하게 하는 것과 같다. 모든 물들의 여러 물줄기가 다시금 대해로 모여 들고, 바다가 여러 물줄기를 받아들여 합해져 하나가 되듯이, 중생의 본성인 반야의 지혜 또한 이와 같다.

---

454 '大乘者'는 '小根之人'과 대비되는 개념으로서 의미상 '대승의 사람' 정도로 보아, '대승인'으로 번역하였다.

小[455]根之人, 聞說此頓教,[456] 猶如大地草木根性自小[457]者, 若被大雨一沃, 悉[458]皆自倒[459]不能增長. 小[460]根之人, 亦復如是. 有般若之智之與[461]大智之人, 亦無差別, 因何聞法卽不悟? 緣邪見障重煩惱根深. 猶如大雲, 盖覆於日, 不得風吹, 日無能現.

---

455 小 : 〔旅博〕 小, 〔S〕〔敦博〕〔北圖〕 少

456 此頓教 : 〔S〕〔敦博〕〔旅博〕 此頓教, 〔北圖〕 頓教

457 小 : 〔旅博〕 小, 〔S〕〔敦博〕〔北圖〕 少

458 悉 : 〔S〕〔旅博〕 悉, 〔敦博〕 迷, 〔北圖〕 速

459 倒 : 〔旅博〕〔北圖〕 倒, 〔S〕〔敦博〕 到

460 小 : 〔旅博〕 小, 〔S〕〔敦博〕〔北圖〕 少

461 般若之智之與 : 〔S〕〔旅博〕 般若之智之與, 〔敦博〕 般若之智與, 〔北圖〕 般之智與

소근기의 사람이 이 돈교의 말씀을 들으면, 마치 대지 초목 가운데 뿌리의 성질이 미약한 것이 큰비에 온통 잠겨 모두 쓰러져 자라지 못하는 것과 같으리라. 소근기의 사람도 이와 같다. 반야의 지혜를 가지고 있다는 점에서는 큰 지혜를 가진 사람과 전혀 차별이 없는데, 어찌하여 법을 듣고도 깨닫지 못하는가? 삿된 견해의 업장이 두껍고 번뇌의 뿌리가 깊어서이다. 마치 큰 구름이 해를 뒤덮고 바람도 불지 않아 해가 드러날 수 없음과 같다.

般若之智,[462] 亦無大小, 爲一切衆生, 自有迷心, 外修覓佛, 未[463]悟自性. 卽是小[464]根人, 聞其頓教, 不信外修. 但於自心, 令自本性, 常起正見, 一切邪見煩惱[465]塵勞衆生, 當時盡[466]悟. 猶如大海, 納於衆[467]流, 小水大水, 合爲一體, 卽是見性. 內外不住, 來去自由, 能除執心, 通達無礙, 心修此行, 卽與[468]般若波羅蜜經, 本無差別.

---

462 之智 : 〔S〕〔敦博〕〔旅博〕 之智, 〔北圖〕 智

463 未 : 〔敦博〕〔旅博〕〔北圖〕 未, 〔S〕 來

464 小 : 〔S〕〔敦博〕〔旅博〕 小, 〔北圖〕 少

465 一切邪見煩惱 : 〔敦博〕〔旅博〕〔北圖〕 一切邪見煩惱, 〔S〕 煩惱

466 盡 : 〔S〕〔敦博〕〔旅博〕 盡, 〔北圖〕 書

467 衆 : 〔S〕〔旅博〕〔北圖〕 衆, 〔敦博〕 衆(生*卜)

468 與 : 〔S〕〔敦博〕〔旅博〕 與, 〔北圖〕 以

반야의 지혜는 크거나 작은 차이가 없지만, 일체중생이 스스로 미혹한 마음을 가지고 있어서 밖으로만 닦으며 부처를 찾기 때문에 자성을 아직 깨치지 못하는 것이다. 바로 이런 사람이 소근기의 사람이니, 이 돈교를 듣고도 믿지 않고 밖으로만 닦는다. 다만 자기 마음에서 자기 본성으로 하여금 항상 바른 견해를 일으키게 하면, 온갖 삿된 견해와 번뇌를 가진 중생도 즉시 모두 깨달음에 이를 것이다. 마치 대해가 여러 물줄기를 받아들여 작은 물과 큰 물이 합하여 하나를 이루는 것과 같으니, 이것이 바로 견성이다. 안이나 밖 어디에도 머물지 않고 오고감이 자유로워 집착하는 마음을 제거하고 만사에 통달하여 장애가 없으리니, 진심으로 이러한 행을 닦는다면 『반야바라밀경』의 취지와 본래 다름이 없을 것이다.

一切經書及文字, 小大二乘十二部經, 皆因人[469]置, 因智惠性故, 故然能建立. 我若無智人, 一切萬法, 本亦[470]不有. 故知萬法, 本從人興, 一切經書, 因人說有. 緣在人中有[471]愚有智, 愚爲小[472]故, 智爲大人.

---

469 因人 : 〔敦博〕〔旅博〕〔北圖〕 因人, 〔S〕 因

470 亦 : 〔敦博〕〔旅博〕〔北圖〕 亦, 〔S〕 無

471 有 : 〔敦博〕〔北圖〕 有, 〔S〕〔旅博〕 有有

472 小 : 〔敦博〕〔北圖〕 小, 〔S〕〔旅博〕 少

일체의 경서와 문자, 소승과 대승의 12부경이 모두 사람[473]으로 인해 시설되고 지혜로운 성품에 의거하기 때문에 그러한 연유로 능히 건립된 것이다. 내가 만일 지혜가 없는 사람이라면, 일체의 만법도 본래 있을 수 없다. 그러므로 만법은 본래 사람으로부터 일어난 것이며, 일체의 경서는 사람이 설한 것에 따라 있게 된 것임을 알아야 한다. 사람들 중에는 어리석은 사람도 있고 지혜로운 사람도 있는 까닭에, 어리석은 사람은 소인이 되고 지혜로운 사람은 대인이 된다.

---

473 '개인인치皆因人置'에서의 '人(사람)'은 '주체' 혹은 '설법의 대상'으로 나누어 생각해 볼 수 있다. 전체적인 문맥은 사람에게는 이미 지혜로운 성품이 있음을 전제로 하여, 만법은 결국 그러한 사람에 의해 만들어진 것이고, 그 만법을 설하여 문자화 된 것을 경서로 보고 있다. 그러므로 중요한 점은 그 경서로 깨달음을 얻는 것이 아니라, 만법을 만들어 낸 주체인 사람이 자신의 자성을 보는 데 있는 것이다. 그러므로 여기에서 사람은 주체로서 '지혜의 성품을 가진 사람'이나 '지혜로운 사람'을 뜻한다고 볼 수 있다. 반면 사람을 '설법의 대상'으로 볼 때는 가치중립적인 대상이 된다.

問迷人於智者, 智人與愚人說法, 令使愚者, 悟解心[474]開. 迷人若悟心開, 與大智人無別. 故知不悟卽[475]佛是衆生, 一念若悟卽衆生是[476]佛.

---

474 心 : 〔敦博〕〔旅博〕〔北圖〕 心, 〔S〕 深

475 卽 : 〔敦博〕〔北圖〕 卽, 〔S〕〔旅博〕 卽是

476 是 : 〔敦博〕〔北圖〕 是, 〔S〕〔旅博〕 不是

어리석은 사람은 지혜로운 이에게 묻고[477], 지혜로운 사람[478]은 어리석은 이에게 법을 설하여, 어리석은 사람으로 하여금 깨달아 마음이 열리게 한다. 어리석은 사람도 깨달아 마음이 열리기만 하면, 크게 지혜로운 사람과 다름이 없게 될 것이다. 그러므로 깨닫지 못하면 부처도 중생일 뿐이지만 한 생각에 깨달으면 중생이 부처임을 알아야 한다.

477 '문미인어지자問迷人於智者'는 한문구조와 의미상으로 어색한 문장이다. 후대 판본에서는 이를 자연스럽게 하고자 '迷人問於智者'로 교감한 경우도 있는데, 여기에서도 이러한 교감을 참고하여 번역하였다. 다만 문맥상 '問' 자가 다른 동사(閔 또는 悶)이거나 오자일 가능성에 대해서도 고려해 볼 수 있다.

478 여기에서 '지인智人'은 '경전을 설한 사람'을 가리킨다.

故知一切萬法, 盡在自身心中.[479] 何不從於自心, 頓見[480]眞如本性?[481] 菩薩[482]戒經云,[483] '我本源[484]自性[485]淸淨.' 識心見性,[486] 自成佛道, '卽時豁然, 還得本心.'

479 心中 : 〔S〕〔敦博〕〔旅博〕 心中, 〔北圖〕 中

480 見 : 〔敦博〕〔旅博〕〔北圖〕 見, 〔S〕 現

481 性 : 〔敦博〕〔北圖〕 性, 〔S〕〔旅博〕 姓

482 菩薩 : 〔S〕〔敦博〕〔旅博〕 菩薩, 〔北圖〕 ++++

483 經云 : 〔敦博〕〔旅博〕 經云, 〔S〕〔北圖〕 云ˇ經

484 源 : 〔敦博〕〔旅博〕〔北圖〕 源, 〔S〕 願

485 性 : 〔敦博〕〔旅博〕〔北圖〕 性, 〔S〕 姓

486 性 : 〔S〕〔敦博〕〔北圖〕 性, 〔旅博〕 姓

일체의 만법이 모두 자신의 마음 가운데 있음을 분명 알아야 하리라. 어찌하여 자기 마음속으로부터 진여본성을 단번에 보지 못하는 것인가? 『보살계경』에 '나의 본래 근원인 자성은 청정하다'[487]고 하였으니, 자기 마음을 알고 성품을 본다면 스스로 불도를 이룰 것이요, '그 즉시 막혔던 마음이 확 트여 본래 마음을 되찾으리라.'[488]

---

487 이 구절은 『梵網經』 권하(T24, p.1003c28)의 "是一切衆生戒本源自性淸淨"을 인용한 듯하다. 다만 경전에는 '戒本源'으로 되어 있으나, 동일한 부분이 〔S〕, 〔敦博〕, 〔旅博〕, 〔北圖〕 네 본에서는 모두 '我本源'으로 바뀌었다.

488 『維摩詰所說經』「弟子品」 T14, p.541a8, "卽時豁然, 還得本心."

善知識, 我於忍和尙處, 一聞[489]言下大悟,[490] 頓見眞如本性. 是故以[491]教法流行後代,[492] 今學道者, 頓悟[493]菩提,[494] 各自觀心, 令自本性頓悟. 若能自悟者, 須覓大善知識示[495]道見性.[496] 何名大善知識?[497] 解最上乘[498]法, 直示[499]正路, 是大善知識, 是大因緣, 所爲化道, 令得見佛. 一切善法, 皆因大善知識, 能發起故.

---

489 一聞 : 〔S〕〔敦博〕〔旅博〕 一聞, 〔北圖〕 聞一

490 悟 : 〔敦博〕〔旅博〕〔北圖〕 悟, 〔S〕 伍

491 故以 : 〔旅博〕 故以, 〔S〕 故汝, 〔敦博〕〔北圖〕 頓以

492 代 : 〔S〕〔敦博〕〔北圖〕 代, 〔旅博〕 伐

493 悟 : 〔敦博〕〔旅博〕〔北圖〕 悟, 〔S〕 伍

494 菩提 : 〔S〕〔敦博〕〔旅博〕 菩提, 〔北圖〕 ++提

495 示 : 〔敦博〕〔北圖〕 示, 〔S〕〔旅博〕 亦

496 性 : 〔敦博〕〔旅博〕〔北圖〕 性, 〔S〕 姓

497 大善知識 : 〔敦博〕〔旅博〕〔北圖〕 大善知識, 〔S〕 大善知

498 乘 : 〔S〕〔敦博〕〔旅博〕 乘, 〔北圖〕 大乘

499 示 : 〔敦博〕〔旅博〕〔北圖〕 示, 〔S〕 是

선지식이여, 나는 홍인 화상이 계신 곳에서 한 번 듣는 순간, 말 끝에 크게 깨쳐 단번에 진여본성을 보았다. 이런 까닭에 교법을 후대에 널리 퍼뜨려 이제 도를 배우는 자들이 단번에 보리를 깨쳐, 각자 마음을 관하고 자기의 본성을 단번에 깨칠 수 있게 하려고 한다. 스스로 깨닫고자 한다면[500], 대선지식을 찾아 성품을 볼 수 있는 길을 지시받아야 한다. 어떤 사람을 대선지식이라 하는가? 최상승법을 이해하여 바른 길을 곧바로 가리키는 자가 대선지식이고 대인연이니, 교화하고 제도하여 부처를 볼 수 있도록 한다. 일체의 선법善法은 모두 대선지식에 의지하여 일어날 수 있기 때문이다.

---

500 '약능자오자若能自悟者'는 다음 문단의 '여약부득자오汝若不得自悟'와 내용상 배치되는 점을 고려해 볼 때, '만약 스스로 깨닫고자 한다면' 정도의 의미로서 '不能'보다는 '能'이 적절하다.

三世諸佛十二部經,[501] 在人[502]性中, 本自具有, 不能自悟,[503] 須得善知識, 示道見性. 若自悟者, 不假外求[504]善知識. 若取外求善知[505]識, 望得解脫,[506] 無有是處. 識自心內善知識, 卽得解脫.[507] 若自心邪迷, 妄念顚倒, 外善知識卽有教授. 汝若不得自悟, 當起般若觀照. 刹那間妄念俱滅, 卽是自眞正善知識, 一悟卽至佛地.[508]

---

501 經 : 〔敦博〕〔北圖〕 經, 〔S〕〔旅博〕 經云

502 人 : 〔S〕〔敦博〕〔旅博〕 人, 〔北圖〕 人(世*ト)

503 悟 : 〔敦博〕〔北圖〕 悟, 〔S〕 姓悟, 〔旅博〕 性悟

504 外求 : 〔敦博〕〔北圖〕 外求, 〔S〕〔旅博〕 外

505 知 : 〔S〕〔敦博〕〔北圖〕 知, 〔旅博〕 智

506 脫 : 〔敦博〕〔北圖〕 脫, 〔S〕〔旅博〕 說

507 解脫 : 〔敦博〕〔旅博〕〔北圖〕 解脫, 〔S〕 解

508 至佛地 : 〔敦博〕〔北圖〕 至佛地, 〔S〕 知佛也, 〔旅博〕 至佛他

삼세의 모든 부처님과 12부경이 사람의 성품 중에 본래 갖추어져 있지만, 스스로 깨치지 못한다면 선지식[509]에게서 성품을 보는 길을 지시받아야 한다. 스스로 깨칠 수 있는 경우라면 밖에서 선지식을 구할 필요가 없다. 밖에서 선지식을 구하여 해탈하기를 바란다면 그런 법은 없다. 자기 마음 안의 선지식을 알아야 해탈할 수 있다. 만약에 자기 마음이 삿되고 미혹하여 망념으로 전도된다면, 밖에서 선지식의 가르침이 있게 된다. 그대들이 스스로 깨치지 못하겠거든 응당 반야를 일으켜 관조하라. 찰나 간에 망념이 모두 소멸한다면 그것이 바로 자기의 참되고 바른 선지식이니, 한 번 깨치기만 하면 부처의 지위에 이를 것이다.

---

509 '수득선지식須得善知識'에서의 '善知識'은 이어지는 내용 '識自心內善知識, 卽得解脫'을 고려해 볼 때, 문맥상 '자기 마음 안의 선지식'을 의미하는 것으로 볼 수 있다.

自性[510]心地, 以智惠[511]觀照, 內外明[512]徹, 識自本心. 若識本心, 卽是解脫, 旣得解脫, 卽是般若三昧, 悟般若三昧, 卽是無念. 何名無念? 無念法者, 見一切法不着一切法,[513] 遍一切處不着一切處, 常淨自性, 使六賊從六門, 走出於六塵中, 不離不染, 來去自由, 卽是般若[514]三昧, 自在解脫, 名無念行.

---

510 性 :〔S〕〔敦博〕〔北圖〕 性, 〔旅博〕 姓

511 惠 :〔S〕〔敦博〕〔旅博〕 惠, 〔北圖〕 慧

512 明 :〔敦博〕〔旅博〕〔北圖〕 明, 〔S〕 名

513 見一切法不着一切法 :〔S〕〔旅博〕 見一切法不着一切法, 〔敦博〕〔北圖〕 見一切法

514 般若 :〔S〕〔敦博〕〔旅博〕 般若, 〔北圖〕 般

자성의 마음자리가 지혜로 관조하면, 안팎이 명철하여 자기의 본래 마음을 알게 될 것이다. 본래 마음을 아는 것이 곧 해탈이요, 해탈하였다면 이것이 곧 반야삼매요, 반야삼매를 깨친 것이 무념이다. 무엇을 무념이라 하는가? 무념법이란, 일체법을 보고도 일체법에 집착하지 않고, 일체의 곳에 두루 작용하지만 일체의 곳 어디에도 집착하지 않아, 자성이 늘 청정하여 하여 육적(六識)[515]이 육문에서 육진六塵으로 달려갈 때에도 벗어나지도 물들지도 않으며, 오고감이 자유로운 것이다. 이것이 바로 반야삼매요, 자재한 해탈이니, 이를 무념행이라 한다.

---

515 『觀心論』 T85, p.1270c, "其六賊者, 則名六識. 出入諸根, 貪著萬境, 能成惡業, 損眞如體, 故名六賊."

莫百物不思, 當令念絕, 卽是法縛,[516] 卽名邊見. 悟無念法者, 萬法盡通, 悟無念法者, 見諸佛境界,[517] 悟無念頓法者, 至佛位地.

---

516 縛 : 〔敦博〕〔旅博〕〔北圖〕 縛, 〔S〕 傅

517 境界 : 〔S〕〔敦博〕〔旅博〕 境界, 〔北圖〕 境

모든 대상에 대해 생각해서는 안 된다고 하지 마라.[518] 생각을 끊어야 한다고 여기는 이것이 바로 법에 속박되는 것이니[519], 이를 한쪽으로 치우친 견해(邊見)라고 한다. 무념법을 깨친 자는 만법에 다 통하고, 무념법을 깨친 자는 모든 부처님의 경계를 보며, 무념돈법을 깨친 자는 부처의 지위에 이른다.

---

518 '무념無念'의 의미를 앞에서 밝혀주었음에도 행여라도 '생각이 전혀 없어야 한다'는 말뜻으로 오해할까 염려하여 한 말이다. 혜능의 견해에 따르면 무념은 '생각 속에 있으면서도 생각이 없는 것(於念而無念)'이며, 그 어떤 생각이나 대상경계에 대해서도 집착하지 않는 것이다. 참고로 '莫百物不思'에 대해 양증문은 '莫'을 '若'으로 교감하였는데, '若'으로 본 경우 '若' 자는 '百物不思, 當令念絶'까지 적용된다. 반면 대승사본에서는 '莫' 자로 교감하였는데, '불사不思함'을 부정하는 의미이므로 '莫'으로 보는 것이 문맥상 적절할 듯하다.

519 '당영염절當令念絶'에서 '當令'은 '만일 ~하게 한다면'의 뜻으로 보았다. '當'의 의미를 새긴다면 '오로지', '단지 (생각을 끊게만 한다면)' 등으로 볼 수 있다.

善知識, 後代得吾法[520]者, 常見吾法身不離汝左右. 善知識, 將此頓教法門, 同見同行, 發願受持. 如是[521]佛教,[522] 終身受持而不退者, 欲[523]入聖位.[524]

520 吾法 : 〔旅博〕 吾法, 〔S〕 悟法, 〔敦博〕〔北圖〕 吾

521 是 : 〔S〕〔敦博〕〔北圖〕 是, 〔旅博〕 事

522 教 : 〔敦博〕〔北圖〕 教, 〔S〕〔旅博〕 故

523 欲 : 〔S〕〔敦博〕〔旅博〕 欲, 〔北圖〕 者欲

524 位 : 〔S〕〔敦博〕〔旅博〕 位, 〔北圖〕 伍

선지식이여, 후대에 나의 법을 얻은 자는 나의 법신이 그의 곁을 떠나지 않음을 항상 보게 되리라. 선지식이여, 이 돈교법문을 가지고 견해와 수행을 함께 하며 수지하겠다고 발원하라. 이와 같이 부처의 가르침을 종신토록 수지하여 물러나지 않는 자는 바야흐로 성인의 지위에 들어설 것이다.[525]

---

525 '욕입성위欲入聖位'에서 '欲'은 '(성위에) 들어가고자 한다'는 의미보다 시간적 의미로서 '(장차) 이제 막 ~하다'로 보는 것이 적절하다.

然須傳受,[526] 從上已來, 嘿[527]然而付衣[528]法, 發大誓願, 不退菩提,[529] 卽須分付. 若不[530]同見解, 無有志願, 在在處處, 勿妄宣傳. 損彼前人, 究竟無益. 若愚[531]人不解, 謗[532]此法門, 百劫[533]千生斷佛種性.

---

526 傳受 : 〔敦博〕〔旅博〕〔北圖〕 傳受, 〔S〕 縛受時

527 嘿 : 〔敦博〕〔旅博〕〔北圖〕 嘿, 〔S〕 默 〈'默'과 '嘿'은 통용되는 글자이나 '嘿' 자가 더 고형에 해당하는 글자이다.〉

528 衣 : 〔敦博〕〔北圖〕 衣, 〔S〕〔旅博〕 於 〈위 번역에서와 같이 '衣'를 취할 경우, '의발衣鉢'의 의미로 보아, '付衣法', 즉 '옷(가사)과 법'의 뜻으로서 '의법 전수'의 의미가 될 수 있다. 양증문을 비롯한 후대 판본에서도 '衣'로 교감하고 있어 참고가 된다. 다만 목적격으로서 '於'를 취할 경우도 문법적으로 자연스러우며, 의미상으로도 '법法'만 전수하는 것이 되어 큰 문제가 없을 듯하다.〉

529 菩提 : 〔S〕〔敦博〕〔旅博〕 菩提, 〔北圖〕 ++提

530 若不 : 〔S〕〔敦博〕〔旅博〕 若不, 〔北圖〕 若~~竟無益若~~愚人不解傍此法門百劫千 〈〔北圖〕 본에 '竟無益若' 네 글자에 삭제 표시되어 있으나, 이 구절 전체가 잘못 들어간 것으로 보인다.〉

531 愚 : 〔敦博〕〔北圖〕 愚, 〔S〕〔旅博〕 遇

532 謗 : 〔敦博〕〔旅博〕 謗, 〔S〕 謾, 〔北圖〕 傍

533 百劫 : 〔敦博〕〔北圖〕 百劫, 〔S〕〔旅博〕 百劫萬劫

그러하다고 해도 법을 전수함에는 예로부터 말없이 의법을 부촉하였으니, 큰 서원을 발하여 보리에서 물러나지 않아야 마땅히 부촉할 수 있다.[534] 만약 견해를 함께하지 않아 뜻과 서원이 없다면, 어느 곳이 되었거나 함부로 전하지 마라. 저 선인의 뜻을 훼손하고 결국 아무런 이득도 없게 된다. 어리석은 사람들이 이해하지 못하고서 이 법문을 비방한다면, 백겁토록 무수히 태어나도 부처 종자와는 단절되고 말 것이다.

---

534 '수분부須分付'에서 '須'는 당위의 의미로 본다. '分付'에서 '付'의 의미에 무게를 두어 '부촉하다'의 뜻으로 볼 수 있다.

大師言, "善知識, 聽吾[535]說無相頌.[536] 令汝迷[537]者罪滅, 亦名滅罪頌." 頌曰[538]:

535 吾 : 〔敦博〕〔旅博〕〔北圖〕 吾, 〔S〕 悟

536 頌 : 〔敦博〕〔北圖〕 頌, 〔S〕〔旅博〕 訟

537 迷 : 〔敦博〕〔旅博〕〔北圖〕 迷, 〔S〕 名

538 頌曰 : 〔S〕〔敦博〕〔旅博〕 頌曰, 〔北圖〕 曰

대사[539]께서 말씀하셨다. "선지식이여, 내가 무상송을 읊으리니 들어라. 그대들 미혹한 자들의 죄를 멸하도록 하므로, 멸죄송이라고도 한다." 송은 다음과 같다.

539 여기에서 '大師'는 혜능인지 혹은 다른 인물인지 혼동이 있어 누구를 가리키는지 불확실하다. 후대 판본에서는 해당 부분을 '오조五祖'로 보기도 하였으나, 내용상 홍인弘忍이라 할 수 없고 혜능 자신이 되어야 적절할 듯하다. 위 번역에서도 대사를 혜능으로 보았는데, 이러한 표현을 사용한 점에서 화자가 혜능이 아닌 그 제자일 수도 있을 듯하다. 즉 혜능이 스스로를 대사라고 자칭했다기보다, 후대 편집 과정에서 제자들이 개입했을 가능성이 있는 것이다. 한편 이어지는 「頌」에서도 '大師'가 등장하고 있어 마찬가지의 상황을 고려해 볼 수 있다.

愚[540]人修福不修道, 謂言修福而是道.[541]

布施[542]供養福無邊, 心中三業元來在.

若將修福欲滅罪, 後世得福罪元在.[543]

若解向心除罪緣, 各自性[544]中眞懺悔.[545]

若悟大[546]乘眞懺悔,[547] 除邪行正卽[548]無罪.

學道之人能自觀, 卽與悟人同一例.

---

540 愚 : 〔S〕〔旅博〕〔北圖〕 愚, 〔敦博〕 遇

541 而是道 : 〔旅博〕 而是道, 〔敦博〕〔北圖〕 如是道, 〔S〕 而是

542 布施 : 〔S〕〔敦博〕〔旅博〕 布施, 〔北圖〕 施˘布

543 元在 : 〔敦博〕〔北圖〕 元在, 〔S〕〔旅博〕 無造

544 性 : 〔敦博〕〔旅博〕〔北圖〕 性, 〔S〕 世

545 悔 : 〔敦博〕〔旅博〕〔北圖〕 悔, 〔S〕 海

546 大 : 〔S〕〔旅博〕 大, 〔敦博〕〔北圖〕 六

547 悔 : 〔敦博〕〔旅博〕〔北圖〕 悔, 〔S〕 海

548 卽 : 〔敦博〕〔旅博〕〔北圖〕 卽, 〔S〕 造

어리석은 사람은 복을 닦을 뿐 도는 닦지 않고서,
복을 닦는 것이 곧 도라고 말한다네.
보시와 공양의 복이 끝이 없다 하더라도,
마음속 삼업은 그대로 남아 있네.
장차 복을 닦아서 죄업을 멸진하고자 하면,
뒷날 복을 얻더라도 죄업은 그대로 남아 있네.
마음에서 죄업의 인연을 제거할 수 있다면,
자성 중의 참된 참회라 하니라.
만약 대승의 참된 참회법을 깨쳐,
삿됨을 없애고 바름을 행하면 죄업은 없어지리라.
도를 배우는 이들이 자성을 관할 수 있다면,
깨달은 사람과 한가지로 같아지리라.

大師令[549]傳此頓教, 願學之人同[550]一體.

若欲當來覓本身, 三毒惡緣心裏[551]洗.

努力修道莫悠悠, 忽然虛度一世休.[552]

若遇[553]大乘頓教法, 虔誠合掌志心求.

---

549 令 : 〔S〕〔旅博〕 令, 〔敦博〕〔北圖〕 今 〈'今'을 취하면 이 구절의 '大師'는 '혜능'을 가리키며, '令'으로 본다면 혜능은 주체로서, '大師'는 '오조五祖'를 가리킨다. 즉 '오조께서 나(혜능)로 하여금'의 뜻이 되는데, 이렇게 본다면 『단경』에서의 오조의 위상이 높아지게 된다. 한편 대사를 부처로 보는 경우도 있다. 즉 '令'을 부사로 보고 '대사(부처)께서 아름답게 전해준다'의 뜻으로 본 것이다.〉

550 人同 : 〔S〕〔敦博〕〔北圖〕 人同, 〔旅博〕 同˘人

551 裏 : 〔敦博〕〔北圖〕 裏, 〔S〕 中, 〔旅博〕 重

552 忽然虛度一世休 : 〔S〕〔敦博〕〔旅博〕 忽然虛度一世休, 〔北圖〕 결락

553 遇 : 〔S〕〔敦博〕〔旅博〕 遇, 〔北圖〕 愚

대사께서 이 돈교를 전하도록 하셨으니,
배우는 이들이 함께 체득하기를 바라노라.
장차 본래의 몸을 찾고자 한다면,
삼독이라는 악연을 마음속에서 씻어내라.
노력하여 도를 닦고 게으르지 말지니,
부질없이 한 세상 헛되이 보내지 마라.
대승의 돈교법을 만나면,
경건하고 정성을 다해 합장하고 간절한 마음으로 구하라.

大師說法了, 韋使君官寮[554]僧衆道俗, 讚言無盡, 昔所未聞. 使君禮拜白[555]言, "和尙說法, 實不思議. 弟[556]子當有少疑, 欲[557]問[558]和尙, 望意和尙大慈大悲, 爲弟[559]子說." 大師言, "有疑[560]卽問.[561] 何須[562]再三."

554 官寮 : 〔S〕〔敦博〕〔旅博〕 官寮, 〔北圖〕 寮

555 白 : 〔敦博〕〔北圖〕 白, 〔S〕〔旅博〕 自

556 弟 : 〔S〕〔敦博〕〔北圖〕 弟, 〔旅博〕 苐

557 〈'欲' 이하 '問和尙, 望意和尙大慈大悲, 爲弟子說. 大師言, 有疑卽問. 何須再'까지의 부분이 〔北圖〕 본에는 결락되어 있다.〉

558 問 : 〔敦博〕 問, 〔S〕〔旅博〕 聞

559 弟 : 〔S〕〔敦博〕 弟, 〔S〕〔敦博〕 苐

560 疑 : 〔敦博〕〔敦博〕 疑, 〔S〕 議

561 問 : 〔敦博〕〔旅博〕 問, 〔S〕 聞

562 何須 : 〔S〕〔旅博〕 何須, 〔敦博〕 須

대사께서 설법을 마치자 위사군과 관료들, 수행자, 출가자, 재가자들이 '예전에는 들어보지 못한 말씀'이라며 찬탄을 금치 못했다. 사군이 예배하고 아뢰었다. "화상이 설하신 법은 참으로 부사의합니다. 제자에게 다만 약간의 의문이 있어 화상께 여쭙고자 하니, 바라옵건대 화상은 대자대비로 제자에게 설해주소서."[563] 대사께서 말씀하셨다. "미심쩍은 점이 있다면 물으십시오. 거듭 청할 필요가 무어 있겠습니까."

---

563 '망의望意'는 사전적 의미로는 '윗사람의 뜻에 영합·부합하다'의 뜻이 있으나, 여기에서는 문맥상 '바라는 뜻은', '바라옵건대' 정도로 보는 것이 자연스럽다.

使君聞, "法可不, 不[564]是[565]西國第[566]一祖[567]達摩[568]祖師宗旨?" 大師言, "是."

564 不 : 〔S〕〔旅博〕 不, 〔敦博〕〔北圖〕 如 〈'如'를 취하여 '如是'로 보면 '이처럼'이 되므로 부자연스럽다. '不'을 취하여 앞의 구절에 붙여 '可不不是'로 교감할 경우 '~가 아닌 것이 아닙니까?'가 되어 불가능한 것은 아니나, 그렇다하더라도 '如', '不' 모두 어색하다. 의미상으로는 양증문의 교감대로 '可不是'가 적절하지만, 우선 본서에서 취한 교감본 네 본 내에서 글자를 취하여 번역하였다.〉

565 是 : 〔S〕〔敦博〕〔旅博〕 是, 〔北圖〕 是**西國第一師宗旨大師達磨祖師**

566 第 : 〔S〕〔敦博〕〔旅博〕 第, 〔北圖〕 苐

567 祖 : 〔S〕〔旅博〕 祖, 〔敦博〕〔北圖〕 師

568 摩 : 〔敦博〕〔北圖〕 摩, 〔S〕〔旅博〕 磨

사군이 물었다.[569] "(스님이 설하신) 법은 물론,[570] 서국의 제일조 달마조사의 종지가 아닙니까?" 대사께서는 "맞습니다."라고 하였다.

569 원문은 '聞'이다. 문맥상 '問'이 더 적합할 듯하나, '聞'도 '묻다', '아뢰다'라는 뜻으로 쓰이므로 이 뜻으로 새겼다.

570 '可不'에는 '물론이다'의 뜻이 있다.

"弟[571]子見說, 達摩[572]大師代[573]梁, 武帝[574]問達摩,[575] '朕一生已[576]來, 造寺布施供養, 有[577]功德否?' 達摩[578]答言, '並無功德.' 武帝惆悵, 遂遣達摩[579]出境. 未審此言. 請和尙說."

571 弟 : 〔S〕〔敦博〕〔北圖〕 弟, 〔旅博〕 第

572 摩 : 〔敦博〕〔北圖〕 摩, 〔S〕〔旅博〕 磨

573 〈'代' 자가 후대 판본에는 '伐'이나 '化'로 된 경우도 있어 오기일 가능성이 있다. '代'로 볼 경우 '달마 대사 시대에'의 뜻이 되며, '伐'로 볼 경우 '발양시키다', '일구다'의 확대된 의미로서 '개척하다'로 보아, '달마 대사가 양에 갔을 때', 또는 '양에 들어왔을 때'가 된다. 마지막으로 '化'로 볼 경우 '달마 대사가 양을 교화할 때'가 되는데, 여기에서는 '代'를 '化'의 오기로 보고 '교화하다'의 뜻으로 새겼다.〉

574 帝 : 〔敦博〕〔旅博〕〔北圖〕 帝, 〔S〕 諦

575 摩 : 〔敦博〕〔北圖〕 摩, 〔S〕〔旅博〕 磨

576 已 : 〔敦博〕〔旅博〕〔北圖〕 已, 〔S〕 未

577 有 : 〔敦博〕〔旅博〕〔北圖〕 有, 〔S〕 有有

578 摩 : 〔敦博〕 摩, 〔S〕〔旅博〕〔北圖〕 磨

579 摩 : 〔敦博〕〔北圖〕 摩, 〔S〕〔旅博〕 磨

“제자가 들은 바로는, 달마 대사가 양나라를 교화할 때, 무제가 달마에게 ‘짐은 평생토록 절을 짓고 보시를 하고 공양을 하였는데, 어떠한 공덕이 있소?’라고 묻자 달마는 ‘전혀 아무 공덕이 없습니다’라고 답하였고, 무제는 실망하여 마침내 달마를 국경 밖으로 내쫓았다고 합니다. 저는 달마 대사가 말한 뜻을 모르겠습니다. 화상께서 설명해주십시오.”

六祖言, “實無功德, 使君[580]勿疑[581]達摩[582]大師言. 武帝着邪道, 不識正法.” 使君問, “何以無功德?” 和尙言, “造寺布施供養, 只是修福, 不可將福以爲功德.

---

580 君 : 〔敦博〕〔北圖〕 君, 〔S〕〔旅博〕 君朕

581 勿疑 : 〔S〕〔敦博〕〔北圖〕 勿疑, 〔旅博〕 疑

582 摩 : 〔敦博〕〔旅博〕〔北圖〕 摩, 〔S〕 磨

육조께서 말씀하셨다. "진실로 아무 공덕이 없으니, 사군께서는 달마 대사의 말씀을 의심하지 마십시오. 양무제는 삿된 도에 집착하여 정법을 알지 못했던 것입니다." 사군이 물었다. "어째서 공덕이 없습니까?" 화상께서 말씀하셨다. "절을 짓고 보시를 하고 공양을 베푼 것은 그저 '복을 닦은 것'일 뿐이니, 복을 공덕으로 여길 수 없습니다.

功德在[583]法身, 非在於福田.[584] 自法性有功德, 平直是德.[585] 佛性,[586] 外行恭敬. 若輕一切人, 吾[587]我不斷, 卽自無功德. 自性無功德,[588] 法身無功德. 念念德行[589], 平等眞心. 德卽不輕, 常行於敬. 自修身卽功, 自修心[590]卽德. 功德自心作, 福與功德別. 武帝不識正理, 非祖大師有過."

583 功德在 : 〔敦博〕〔旅博〕〔北圖〕 功德在, 〔S〕 在

584 福田 : 〔S〕〔旅博〕 福田, 〔敦博〕〔北圖〕 福

585 是德 : 〔S〕 是德, 〔旅博〕 是佛姓, 〔敦博〕〔北圖〕 是

586 佛性 : 〔S〕〔敦博〕〔北圖〕 佛性, 〔旅博〕 佛姓佛姓者

587 吾 : 〔敦博〕〔旅博〕〔北圖〕 吾, 〔S〕 悟

588 無功德 : 〔敦博〕〔北圖〕 無功德, 〔S〕〔旅博〕 虛妄

589 德行 : 〔S〕 德行, 〔敦博〕〔北圖〕 行, 〔旅博〕 功德行

590 自修心 : 〔敦博〕〔旅博〕 自修心, 〔S〕 自修身心, 〔北圖〕 修心

공덕은 법신에 있지, 복전에 있지 않습니다. 자기 법성이 공덕을 가지고 있으니, 평등하고 곧은 것이 덕입니다. 불성은 밖으로 공경을 실천합니다. 만약 모든 사람을 경시하면서 자기에 대한 집착을 끊지 못한다면[591] 곧 저절로 공덕도 없게 될 것입니다. 자성에 공덕이 없다면 법신에도 공덕은 없습니다. 찰나마다의 덕행이 평등하고 참된 마음입니다. 덕은 남을 가볍게 여기지 않고 항상 공경을 행하는 것입니다. 스스로 몸을 닦음이 공功이요, 스스로 마음을 닦음이 덕德입니다. 공덕은 자기 마음이 짓는 것이니, 복과 공덕은 다릅니다. 무제가 바른 이치를 알지 못하였던 것이지, 달마 대사에게 잘못이 있었던 것이 아닙니다."

591 '오아吾我'에서 '吾'는 동사로, '我'는 목적어로 보고, '자기를 자기로 여기는 것', 즉 '자기에 대한 집착'이라는 뜻으로 새겼다.

使君禮拜, 又問, “弟[592]子見僧俗,[593] 常念阿彌陀[594]佛, 願往生[595]西方. 請和尙說, 得[596]生彼否? 望[597]爲破疑.” 大師言, “使君聽. 惠能與說.

592 弟 : 〔S〕〔敦博〕〔北圖〕 弟, 〔旅博〕 苐

593 僧俗 : 〔敦博〕〔北圖〕 僧俗, 〔S〕〔旅博〕 僧道俗

594 陀 : 〔敦博〕〔旅博〕 陀, 〔S〕 大, 〔北圖〕 陁

595 往生 : 〔S〕〔旅博〕 往生, 〔敦博〕〔北圖〕 生

596 得 : 〔敦博〕〔旅博〕 得, 〔S〕〔北圖〕 德

597 望 : 〔S〕〔敦博〕〔旅博〕 望, 〔北圖〕 望(疑*卜)

사군이 예배하고 다시 여쭈었다. "저는 승속이 항상 아미타불을 염하며 서방정토에 왕생하기를 서원하는 것을 보아왔습니다. 화상께서 가르침을 주시기를 청하오니, 그곳에 왕생할 수 있습니까? 의문을 풀어주십시오." 대사께서 말씀하셨다. "사군께서는 잘 들으십시오. 제가 설해드리겠습니다.

世尊在舍衛城,[598] 說西方引化, 經文分明, '去此不[599]遠.' 只爲下根, 說近. 說遠, 只緣上智. 人自兩種,[600] 法無般.[601] 迷悟[602]有殊, 見有遲疾. 迷人念佛生彼, 悟者自淨其心. 所以佛言,[603] '隨其心淨則佛土淨.'

---

598 城 : 〔敦博〕〔旅博〕〔北圖〕 城, 〔S〕 國

599 不 : 〔S〕〔敦博〕〔旅博〕 不, 〔北圖〕 否

600 種 : 〔敦博〕〔北圖〕 種, 〔S〕〔旅博〕 重

601 般 : 〔敦博〕〔旅博〕〔北圖〕 般, 〔S〕 不名

602 迷悟 : 〔敦博〕〔旅博〕〔北圖〕 迷悟, 〔S〕 悟

603 佛言 : 〔敦博〕〔旅博〕〔北圖〕 佛言, 〔S〕 言佛

세존께서 사위성에 계실 때에 서방정토를 설하시어 대중을 교화하셨는데, 경문에 '이곳과의 거리가 멀지 않다'[604]고 분명히 말씀하셨습니다. 다만 하근기를 위해서는 가깝다고 설하셨고, 멀다고 설하신 것은 다만 상근의 지혜[605]를 가진 이들에게 하신 것입니다. 사람에는 두 부류가 있지만 법에는 차이가 없습니다.[606] 미오에 다름이 있어 (성품을) 봄에 빠르거나 느린 차이가 있을 뿐입니다. 어리석은 사람은 염불하여 피안에 왕생하기를 바라지만, 깨달은 사람은 스스로 그 마음을 청정하게 합니다. 그런 까닭에 부처님께서 '그 마음의 청정함을 따라 불국토도 청정하다'[607]고 하신 것입니다.

---

604 『佛說無量壽經』 T12, p.341c

605 여기에서 '상지上智'는 '하근下根'에 대응해서 '상근上根' 또는 '상근기上根機'의 의미로 보았다.

606 본문의 '법무반法無般'에서 '無' 자 다음에 '兩' 자가 탈락된 듯하다. '般'에는 크게 '종류', '모양'의 의미가 있으므로 '차이'로 번역하였다.

607 『維摩詰所說經』「佛國品」 T14, p.538c.

使君, 東方但淨[608]心無罪, 西方心不淨有愆.[609] 迷人願生東方生西[610]者, 所在處並皆一種. 心地[611]但無不淨,[612] 西方去此不遠, 心起不淨之心, 念佛往生難到. 除惡卽行十萬, 無八邪卽過八千, 但行眞心, 到如彈[613]指.

608 淨 : 〔S〕〔敦博〕〔旅博〕 淨, 〔北圖〕 狰

609 愆 : 〔S〕〔旅博〕 愆, 〔敦博〕〔北圖〕 僁

610 生西 : 〔旅博〕 生西, 〔S〕〔敦博〕〔北圖〕 西

611 心地 : 〔敦博〕〔旅博〕〔北圖〕 心地, 〔S〕 心

612 不淨 : 〔S〕〔敦博〕〔旅博〕 不淨, 〔北圖〕 不

613 彈 : 〔旅博〕 彈, 〔S〕〔敦博〕 禪, 〔北圖〕 撣

사군이여, 동방 사람일지라도 마음을 청정하게만 하면 죄가 없지만, 서방 사람이라 할지라도 마음이 청정하지 않으면 허물이 있는 것입니다. 어리석은 사람은 동방이나 서방에 왕생하기를 서원하지만, 있는 곳은 모두 한가지입니다. 마음자리에 다만 부정不淨이 없기만 하면 서방이 이곳과 멀지 않겠지만, 마음에 부정한 생각을 일으킨다면 염불하더라도 (서방정토) 왕생에 이르기는 어렵습니다. 악함을 제거한다면 십만 국토[614]를 가고, 팔사八邪를 없애면 팔천 국토를 지날 것이니, 다만 참된 마음을 행하기만 한다면 손가락 튕기는 찰나에 그곳에 이를 것입니다.

---

614 여기서 '십만十萬'은 『阿彌陀經』(T12, p.346c)의 "從是西方過十萬億佛土, 有世界, 名曰極樂"이라 한 비유와 관련이 있는 듯하다. 서방과의 거리를 가리켜 '십만팔천 리'라 하는 말을 정영사 혜원의 『觀無量壽佛經義疏』에서는 (권상, T37, p.284b) "又云, 西方去此, 十萬八千里, 此亦誤以四竺爲西方也. 經云, '從此西方過十萬億佛土, 有世界, 名曰極樂.' 豈止十萬八千乎."라고 하여 오류라고 보았지만, 柳田聖山(1998, p.144)은 『文苑英壽』를 인용하여 '십만팔천 리'는 중국 장안에서 인도 왕사성에 이르는 거리라고 한다.

使君, 但行十善, 何須更願[615]往[616]生! 不斷十惡之心, 何佛卽來迎請! 若悟無生頓法,[617] 見西方只[618]在刹那, 不悟頓教大乘, 念佛往生路遙,[619] 如何得達![620]"

615 更願 : 〔S〕〔敦博〕〔北圖〕 更願, 〔旅博〕 願˘更

616 往 : 〔敦博〕〔旅博〕〔北圖〕 往, 〔S〕 佳

617 頓法 : 〔S〕〔敦博〕〔旅博〕 頓法, 〔北圖〕 頓法者

618 只 : 〔S〕〔敦博〕〔旅博〕 只, 〔北圖〕 方只

619 遙 : 〔S〕〔旅博〕 遙, 〔敦博〕〔北圖〕 遠

620 達 : 〔S〕〔旅博〕 達, 〔敦博〕〔北圖〕 但

사군이여, 다만 십선을 행하면 될 뿐, 거기에 더하여 왕생하기를 서원할 필요가 무엇 있겠습니까! 십악十惡의 마음을 끊지 않는다면 어느 부처가 와서 맞이하겠습니까! 무생無生의 돈법頓法을 깨친다면 서방을 보는 것은 단지 찰나 사이에 달린 일이지만, 돈교의 대승을 깨치지 못하고서 염불로 왕생하는 길은 요원하니, 어떻게 도달할 수 있겠습니까!"

六祖言, "惠能與使君移西方剎那間,[621] 目[622]前便見, 使君願見否?" 使君禮拜, "若此得見, 何須往生! 願和尙慈悲, 爲現西方, 大善." 大師言, "一時[623]見西方, 無疑卽散." 大衆愕然, 莫知何事.[624]

---

621 間 : 〔敦博〕〔旅博〕〔北圖〕 間, 〔S〕 問

622 目 : 〔敦博〕〔北圖〕 目, 〔S〕〔旅博〕 日

623 一時 : 〔敦博〕〔旅博〕〔北圖〕 一時, 〔S〕 唐

624 事 : 〔敦博〕〔北圖〕 事, 〔S〕〔旅博〕 是

육조께서 말씀하셨다. "혜능이 사군에게 찰나 사이에 서방을 옮겨와 눈앞에 보게 하리니, 사군은 보기를 원합니까?" 사군이 예배하며 "여기에서 볼 수 있다면 어찌 다시 왕생하기를 바랄 필요가 있겠습니까! 화상께서 자비를 베푸시어 서방을 나타내주신다면 참 좋겠습니다.[625]"라고 하였다. 대사께서 말씀하셨다. "한순간에 서방을 나타낼 것이니, 의문을 푼 다음에는 흩어지시오." 대중들이 놀라기만 할 뿐 무슨 일인지 알지 못하였다.

---

625 '善'은 '선함'의 의미보다 '좋다'로 보아, '大善'은 '크게 좋다'로 새겼다.

大師曰, "大衆, 大衆作意聽. 世人自色身是城, 眼耳鼻舌身卽是城門. 外有六門,[626] 內有意門. 心卽是地, 性卽是王. 性在王在, 性[627]去王無. 性在身心存, 性去身壞.[628] 佛是自性作, 莫向身求. 自性迷, 佛卽是[629]衆生, 自性悟,[630] 衆[631]生卽是佛.[632] 慈悲卽是觀音, 喜捨名爲[633]勢至. 能淨是釋迦, 平直[634]是[635]彌勒.

---

626 六門 : 〔S〕〔敦博〕〔旅博〕〔北圖〕 六門 〈'六門'은 '五門'의 오기인 듯하다.〉

627 性 : 〔S〕〔敦博〕〔旅博〕 性, 〔北圖〕 法

628 壞 : 〔S〕〔敦博〕〔旅博〕 壞, 〔北圖〕 懷

629 卽是 : 〔敦博〕〔北圖〕 卽是, 〔S〕〔旅博〕 卽

630 性悟 : 〔S〕〔敦博〕〔旅博〕 性悟, 〔北圖〕 悟˘性

631 衆 : 〔S〕〔旅博〕〔北圖〕 衆, 〔敦博〕 (衆*卜)衆

632 卽是佛 : 〔S〕〔敦博〕 卽是佛, 〔旅博〕 卽佛˘是, 〔北圖〕 是

633 爲 : 〔S〕〔敦博〕〔旅博〕 爲, 〔北圖〕 爲有佛

634 直 : 〔敦博〕〔旅博〕〔北圖〕 直, 〔S〕 眞

635 是 : 〔S〕〔敦博〕〔旅博〕 是, 〔北圖〕 卽是

대사께서 말씀하셨다. "대중이여, 대중들은 주의 깊게 잘 들어라. 세상 사람들 각자의 육신은 성城이요, 눈·귀·코·혀·몸은 성으로 들어가는 문이다. 밖에는 오문五門[636]이 있고 안에는 의식의 문(意門)이 있느니라. 마음은 땅이요 성품은 왕이니라. 성품이 있으면 왕도 있고, 성품이 사라지면 왕도 없다. 성품이 있으면 몸과 마음도 있고, 성품이 사라지면 몸(과 마음)[637]도 괴멸한다. 부처란 자성이 지은 것이니 몸에서 구하지 말라. 자성이 미혹하면 부처도 중생이요, 자성을 깨치면 중생이 곧 부처이니라. 자비가 곧 관세음보살이요, 희사喜捨는 대세지보살을 이름함이요, 능히 청정함이 석가모니요, 평등하고 곧음이 미륵불이니라.

---

636 교감본 네 본에 모두 '육문六門'으로 되어 있으나 문맥상 '오문五門'이 적절하다고 판단하여 오문으로 새겼다. 다만, '의문意門'과 의미상 대구를 이루는 용어일 수도 있다는 점을 가정하면 '肉'의 가차로 '六'을 써서 '육문六門'이라 하였을 가능성도 있다. 혹은 '穴'을 '六'으로 썼을 가능성도 있다.

637 문맥상 '마음'이 포함되어야 하나 원문에는 '心'이 생략되어 있으므로 번역에서 '마음'을 괄호처리 하였다.

人我卽是[638]須彌, 邪心卽是[639]海水,[640] 煩惱卽是[641]波浪, 毒心卽是[642]惡龍, 塵勞卽是[643]魚鼈,※[644] 虛妄卽是鬼神,[645] 三毒卽是地獄, 愚癡卽是畜生, 十善卽是[646]天堂. 無我[647]人須彌自倒,[648] 除邪心海水竭, 煩惱無波浪滅, 毒害除魚龍絶. 自心地上, 覺性如來, 施大智惠[649]光明, 照曜六門淸淨, 照破[650]六欲諸天,[651] 下照三毒若除, 地獄一時消滅. 內外明徹, 不異西方, 不作此修, 如何到彼?"

---

638 卽是 : 〔敦博〕〔旅博〕〔北圖〕 卽是, 〔S〕 是

639 卽是 : 〔敦博〕〔旅博〕〔北圖〕 卽是, 〔S〕 是

640 海水 : 〔敦博〕〔旅博〕〔北圖〕 海水, 〔S〕 大海

641 卽是 : 〔敦博〕〔旅博〕 卽是, 〔S〕 是, 〔北圖〕 결락

642 卽是 : 〔敦博〕〔旅博〕〔北圖〕 卽是, 〔S〕 是

643 卽是 : 〔敦博〕〔旅博〕〔北圖〕 卽是, 〔S〕 是

644 鼈 : 〔S〕〔旅博〕 鼈, 〔敦博〕 鱉, 〔北圖〕 鱉卽是海水 〈〔北圖〕 본 여기까지임〉

645 鬼神 : 〔敦博〕 鬼神, 〔S〕〔旅博〕 神鬼

646 卽是 : 〔敦博〕〔旅博〕 卽是, 〔S〕 是

647 無我 : 〔敦博〕 無我, 〔S〕 是, 〔旅博〕 無˘我

648 倒 : 〔S〕〔旅博〕 倒, 〔敦博〕 到

649 智惠 : 〔S〕〔敦博〕 智惠, 〔旅博〕 惠˘智

650 破 : 〔敦博〕〔旅博〕 破, 〔S〕 波

651 諸天 : 〔S〕〔旅博〕 諸天, 〔敦博〕 天

남과 나[652]를 분별하는 마음이 수미산이고, 삿된 마음은 바닷물이며, 번뇌가 파도이고, 악독한 마음은 악룡이며, 육진六塵의 괴로움은 물고기와 자라이고, 망령된 생각은 귀신이며, 삼독이 지옥이요, 어리석음이 축생이요, 십선이 천당이니라. 나와 남이라는 분별하는 마음이 없다면 수미산이 저절로 뒤집어질 것이요, 삿된 마음을 제거하면 바닷물이 말라버리고, 번뇌가 없어지면 파도가 잦아들며, 해독을 끼치는 악독한 마음이 제거되면 물고기와 악룡이 절멸되리라. 자기 마음자리에서 각성覺性이라는 여래如來가 커다란 지혜의 광명을 발하여 육문六門의 청정함을 밝게 비추고 육욕천六欲天을 온전히 밝히며, 아래로 비춰 삼독을 제거하면 지옥은 일시에 소멸하리라. 안팎이 명철해지면 서방과 다르지 않으니, 이 수행을 행하지 않고 어떻게 피안에 이를 것인가?"

---

652 원문의 '인아人我'는 인상人相과 아상我相을 뜻할 수도 있고, 남과 나를 뜻할 수도 있다. 여기에서는 후자의 뜻을 취해 번역하였다.

座[653]下聞[654]說, 讚聲徹天, 應是迷人, 了[655]然便見. 使君禮拜, 讚言, "善哉! 善哉! 普願法界衆生, 聞者一時悟解."

653 座 : 〔S〕〔敦博〕 座, 〔旅博〕 坐

654 聞 : 〔敦博〕〔旅博〕 聞, 〔S〕 問

655 了 : 〔敦博〕〔旅博〕 了, 〔S〕 人

좌중이 설법을 듣고 찬탄하는 소리가 하늘에 사무쳤으며, 모든 어리석은 사람들까지도 명료하게 알게 되었다. 사군이 예배하고 찬탄하며 말하였다. "훌륭하십니다, 훌륭하십니다! 법계의 중생들 가운데 이 법문을 들은 이는 일순간에 깨닫기를 두루 소원합니다."

大師言, "善知識, 若欲修行, 在家亦得, 不由在寺. 在寺不修, 如西方心惡之人, 在家若修行, 如東方人修善. 但願自家修淸淨, 卽是西[656]方." 使君問, "和尙,[657] 在家如何修? 願爲指授." 大師言, "善知[658]識, 惠能與道俗作無相頌, 盡誦取,[659] 依[660]此修行,[661] 常與惠能說一處無別."

頌曰:

656 西 : 〔敦博〕〔旅博〕 西, 〔S〕 悪

657 和尙 : 〔敦博〕〔旅博〕 和尙, 〔S〕 和

658 知 : 〔旅博〕 知, 〔S〕〔敦博〕 智

659 盡誦取 : 〔S〕〔旅博〕 盡誦取, 〔敦博〕 取

660 依 : 〔敦博〕〔旅博〕 依, 〔S〕 衣

661 修行 : 〔S〕〔敦博〕 修行, 〔旅博〕 行˘修

대사께서 말씀하셨다. "선지식이여, 수행하고자 한다면 재가에서도 가능하니, 절에 있어야만 하는 것은 아닙니다. 절에 있으면서 수행하지 않는다면 서방정토에 있어도 마음은 악한 사람과 같고, 재가에서도 수행을 한다면 동방에 사는 사람이 선업을 닦는 것과 같습니다. 다만 스스로가[662] 청정함을 닦으리라 서원한다면, 그곳이 바로 서방정토입니다." 사군이 물었다. "화상이시여, 재가에서는 어떻게 닦아야 합니까? 가르쳐 주십시오." 대사께서 말씀하셨다. "선지식이여, 혜능이 출가자와 재가자들에게 무상송을 지어드릴 터이니, 모두들 외워서 이에 의지하여 수행한다면, 언제나 혜능이 설한 내용과 매한가지로[663] 다름이 없을 것입니다."

송은 이러하다.

---

662 자가自家는 '자기 집'이나 '속가俗家' 등 '구체적 공간'이나 '세속'의 의미로 보지 않고, '스스로'의 뜻으로 새겼다.

663 일처一處는 장소의 개념으로서 '한 곳'이 아닌, 이어지는 '무별無別'에 대응되는 의미로 보아 '한 가지'의 뜻으로 새겼다.

說通及心通, 如日處[664]虛空.

惟傳頓教法, 出世破邪宗.

教卽無頓漸, 迷悟有遲疾.

若學頓教法,[665] 愚[666]人不可迷.

664 處 : 〔敦博〕〔旅博〕 處, 〔S〕 至 〈『華嚴經』 권2 T10, p.668b, "如日處虛空, 光明恒遍照, 佛智亦如是, 能除三世暗." ; 『別譯雜阿含經』 권4 T02, p.399c, "佛亦如日處虛空, 光明周普照世界." 등에 근거해볼 때 '處' 자가 자연스러운 듯하다.〉

665 教法 : 〔S〕 教法, 〔敦博〕〔旅博〕 法門

666 愚 : 〔S〕〔旅博〕 愚, 〔敦博〕 遇

말씀에도 통달하고 마음에도 통달하니[667],
허공에 걸린 해와 같다네.
오로지 돈교법을 전하여,
세간에 나가[668] 삿된 종지를 깨뜨리리라.
가르침에는 돈점이 없으나,
미혹함과 깨달음에는 느리고 빠름이 있다네.
돈교법을 배우기만 한다면,
어리석은 사람이라도 미혹할 수 없다네.

---

667 '설통급심통說通及心通'은 의미가 다소 불분명하다. 이와 관련하여 인용경전 등을 밝히지 않아 확실치는 않으나, 설통說通과 심통心通은 『楞伽經』에서 말하는 설통說通과 종통宗通의 개념과 통하는 측면이 있다.

668 출세出世를 기존 번역에서는 대부분 '출세간出世間'의 뜻으로 '속세를 벗어나다'로 보았는데, 위의 번역처럼 '세상에 나오다', '출현하다'로 보는 것이 적절할 듯하다.

說卽雖[669]萬般, 合理[670]還歸一,

煩惱闇[671]宅中, 常須生惠日.

邪來因煩惱, 正來煩惱除,

邪正悉[672]不用, 淸淨至無餘.

---

669 雖 : 〔敦博〕〔旅博〕 雖, 〔S〕 須

670 理 : 〔敦博〕〔旅博〕 理, 〔S〕 離

671 闇 : 〔敦博〕 闇, 〔S〕〔旅博〕 暗

672 悉 : 〔敦博〕〔旅博〕 悉, 〔S〕 疾

말씀이야 수만 가지이지만,
이치에 합하면 하나로 돌아가니,
번뇌라는 어두운 집에,
항상 지혜라는 해를 밝혀야 하리.
삿됨은 번뇌로 인해 오고,
바름은 번뇌가 없어짐으로 오지만,
삿됨이나 바름 모두 쓰지 않으면,
청정하여 무여의 경지에 이르리.

菩提本清淨, 起心卽是妄,
淨性於妄中, 但正除三障.
世間若修道, 一切盡不妨,
常現在己過, 與道卽相當.
色類[673] 自有道, 離道別覓道,
覓道不見道, 到頭還自懊.

673 類 : 〔敦博〕〔旅博〕 類, 〔S〕 貌

보리는 본래 청정하지만,
마음을 일으키면 망념이 되고 마니,
청정한 성품은 망념 가운데 있어도,
다만 바르기만 하면 세 가지 장애가 없어진다네.
세간에서라도 도를 닦기만 하면,
일체 무엇에도 방해되지 않으리니,
항상 자신의 과오를 드러낸다면,
도와 딱 들어맞게 되리라.
일체의 현상에[674] 본래 도가 있건만,
도를 떠나서 달리 도를 찾고 있네.
도를 찾지만 도를 보지 못하고,
결국엔 다시금 스스로 괴로워하네.

674 색류色類에서 '色'은 '드러난 현상세계'의 뜻으로 볼 수 있다.

若欲覓眞[675]道, 行正卽是道.

自若無正心, 暗行不見道.

若眞修道人, 不見世間愚,[676]

若見世間非, 自非却是左.

他非我不[677]罪, 我非自有罪.

但自去非心, 打破煩惱碎.

675 覓眞 : 〔敦博〕〔旅博〕 覓眞, 〔S〕 貪覓

676 愚 : 〔S〕〔旅博〕 愚, 〔敦博〕 遇

677 不 : 〔敦博〕〔旅博〕 不, 〔S〕 有 〈〔S〕 본을 반영하여 '他非我有罪 我非自有罪'로 볼 경우, '남을 그르다고 하는 것은 나에게 죄가 있는 것이고, 나의 그름은 본래 있는 죄라네'와 같이 번역할 수 있다. 그러므로 의미상으로는 '不'과 '有' 모두 가능하나, 대구 형식의 문장 구조상 '不'로 보는 것이 자연스럽다.〉

참된 도를 찾고자 한다면,
바름(바른 마음)을 행하는 바로 그것이 도라네.
자신에게 바른 마음이 없다면,
어둠 속을 가며 길을 보지 못함과 같으리라.
진실로 도를 닦는 이라면,
세간의 어리석음을 보지 않으리니,
세간의 그름을 보았다면,
자신의 그름이 도리어 더 어긋난 것이라네.[678]
남의 그름을 나는 죄로 여기지 않으니,
나의 그름에 스스로 죄 있는 것이라네.
다만 그르다 여기는 마음을 스스로 버리기만 하면,
번뇌 깨뜨려 부수어버리리.

678 '좌左'는 '낮다', 즉 '상대적으로 좋지 않음'을 의미한다. 그러므로 '자비각시좌自非却是左'는 '내 자신의 잘못이 도리어 더 있다.' 혹은 '더 문제이다'의 뜻으로 새겼다.

若欲化愚人, 事[679]須有方便,

勿令破彼疑. 卽是菩提見,

法元[680]在世間, 於世出世間.

勿離世間上, 外求出世間.[681]

邪見在[682]世間, 正見出世間,

邪正悉[683]打却.

此但是頓教, 亦名爲大乘,

迷來經累劫, 悟則刹那間.[684]

---

679 事 : 〔敦博〕〔旅博〕 事, 〔S〕 是 〈'事須'와 '是須'는 모두 '須'의 의미이며, 여기에서 '事'와 '是'는 강조의 뜻을 나타내는 어조사이다.〉

680 元 : 〔旅博〕 元, 〔S〕〔敦博〕 無

681 世間 : 〔S〕〔敦博〕 世間, 〔旅博〕 間˘世

682 在 : 〔敦博〕〔旅博〕 在, 〔S〕 出

683 悉 : 〔S〕〔旅博〕 悉, 〔敦博〕 迷

684 間 : 〔S〕〔敦博〕 間, 〔旅博〕 問

어리석은 이들을 교화하고자 한다면,
반드시 방편이 있어야 하니,
그들의 의심을 깨뜨리려 하지 마라.
그것이 바로 보리가 드러난 것이니,
법은 본래 세간에 있으니,
세간에서 세간을 벗어나네.
세간을 떠나,
그 밖에서 세간을 벗어나기를 구하지 마라.
삿된 견해로 세간에 머물고,
바른 견해로 세간에서 벗어나지만,
삿된 견해든 바른 견해든 모두 깨뜨려 부수어라.[685]
이것이 바로 돈교요,
또한 대승이라고도 하니
미혹한 채로 오랜 겁을 지나왔을지라도,
깨닫는 것은 찰나 사이리라.

---

685 이 구절 다음에 한 구절이 결락된 것으로 보인다. 후대 판본에는 이 구절 다음에 '菩提性宛然'이라는 구절이 추가되어 있다. 이에 따르면 '삿된 견해든 바른 견해든 모두 깨뜨려 부수어야, 보리의 성품 완연해진다네'와 같이 번역된다.

大師言, "善知[686]識, 汝等盡誦取此[687]偈, 依偈修行,[688] 去惠能千里, 常在能邊. 依此[689]不修, 對面千里.[690] 各各自修, 法不相待.[691] 衆人且[692]散. 惠能歸漕溪山. 衆生, 若有大疑, 來彼山間. 爲汝破疑, 同見佛性.[693]"

合座[694]官寮道俗, 禮拜和尙, 無不嗟[695]嘆, "善哉, 大悟, 昔所未聞.[696] 嶺南有福, 生佛在此, 誰能得知.[697]" 一時盡散.[698]

---

686 知 : 〔旅博〕 知, 〔S〕〔敦博〕 智

687 此 : 〔S〕〔旅博〕 此, 〔敦博〕 依此

688 依偈修行 : 〔S〕 依偈修行, 〔敦博〕 修行, 〔旅博〕 依帽修行

689 依此 : 〔敦博〕 依此, 〔S〕〔旅博〕 此

690 千里 : 〔S〕〔旅博〕 千里, 〔敦博〕 底千里遠

691 待 : 〔敦博〕〔旅博〕 待, 〔S〕 持

692 且 : 〔敦博〕 且, 〔S〕〔旅博〕 旦

693 性 : 〔敦博〕〔旅博〕 性, 〔S〕 世

694 座 : 〔S〕〔敦博〕 座, 〔旅博〕 坐

695 嗟 : 〔S〕〔旅博〕 嗟, 〔敦博〕 差

696 聞 : 〔敦博〕 聞, 〔S〕 問, 〔旅博〕 間

697 知 : 〔敦博〕〔旅博〕 知, 〔S〕 智

698 盡散 : 〔S〕〔旅博〕 盡散, 〔敦博〕 散盡

대사께서 말씀하셨다. "선지식이여, 그대들 모두가 이 무상게를 외워서 이 게에 의지하여 수행한다면, 혜능과 천 리로 떨어져 있다 해도 항상 혜능 곁에 있는 것과 같으리라. 이에 의지해도 수행하지 않으면, 나와 대면하고 있다 하더라도 천 리를 떨어져 있는 것과 같으리라. 각자 스스로 닦아야 할지니, 법은 그대들을 기다리지 않으리라. 여러분은 이제 해산하시오. 나, 혜능은 조계산으로 돌아갈 것입니다. 대중이여, 큰 의심이 남아 있다면, 그 산중으로 찾아오시오. 그대들의 의심을 깨뜨려주어 함께 불성을 보리라."

둘러앉았던 관료와 출가자와 재가자들이 화상께 예배하며 찬탄하지 않음이 없었다. "훌륭하시구나, 큰 깨침이여. 예전에는 들어보지 못했네. 영남에 복이 있어 생불이 이곳에 계시다는 것을 누가 알 수 있으랴." 그러고는 모두 흩어졌다.

大師往[699]漕溪山, 韶廣二州行化四十餘年. 若論門人, 僧之與俗, 三五千人,[700] 說不可[701]盡. 若論宗旨,[702] 傳授壇經, 以此爲依約,[703] 若不得壇經, 卽無稟受.

---

699 往 : 〔S〕〔敦博〕 往, 〔旅博〕 住 〈대부분의 후대 판본에서는 '住'로 교감하였는데, '住'로 볼 경우는 '머무셔서'로, '往'으로 볼 경우는 '(돌아)가셔서'로 새길 수 있어, 두 글자 모두 의미상으로는 뜻이 통한다.〉

700 三五千人 : 〔S〕〔旅博〕 三五千人, 〔敦博〕 約有三十五千

701 不可 : 〔敦博〕〔旅博〕 不可, 〔S〕 不

702 旨 : 〔敦博〕〔旅博〕 旨, 〔S〕 指

703 依約 : 〔旅博〕 依約, 〔S〕 衣約, 〔敦博〕 幼

대사께서는 조계산[704]으로 돌아가 소주[705]와 광주[706] 두 곳에서 40여 년 동안 중생들을 교화하고 제도하셨다. 문인으로 말하자면 승려와 속인을 합하여 3천에서 5천에 달하니, 말로 다 거론할 수 없을 정도이다. 종지로 말하자면 『단경』을 전수하여 이것으로 의지처[707]를 삼았으니, 『단경』을 얻지 못하였다면 법을 이어받은 것이 아니다.

---

704 조계산曹溪山 : 중국 광동성廣東省 소주韶州에 있는 산으로, 혜능이 주석했던 보림사寶林寺가 있었다.

705 소주韶州 : 중국 광동성廣東省 북부 북강北江 상류에 있는 지역으로, '곡강曲江', '소관韶關'이라고도 한다.

706 광주廣州 : 중국 광동성廣東省 성도省都에 해당하는 지역이다.

707 의약依約을 '증명'의 뜻으로 본 경우도 있으나, 여기에서는 '따를 것', '근거하다' 정도의 뜻으로 보아, '의지처'로 번역하였다.

須知法處, 年月日姓[708]名, 遞[709]相付囑. 無壇經稟承, 非南[710]宗弟[711]子也. 未得稟承者, 雖說頓教法, 未知根本, 修不免[712]諍. 但得法者, 只勸修行. 諍是勝負之心, 與道[713]違背.[714]

---

708 姓 : 〔敦博〕〔旅博〕 姓, 〔S〕 性

709 遞 : 〔旅博〕 遞, 〔S〕〔敦博〕 遍

710 南 : 〔S〕〔旅博〕 南, 〔敦博〕 (向*ㅏ)南

711 弟 : 〔敦博〕〔旅博〕 弟, 〔S〕 定

712 免 : 〔S〕〔敦博〕 免, 〔旅博〕 兌

713 道 : 〔S〕〔旅博〕 道, 〔敦博〕 佛道

714 背 : 〔敦博〕 背, 〔S〕〔旅博〕 皆

법을 받은 곳과 연월일, 성명을 확인하고서[715] 대대로 서로 부촉하였다. 『단경』을 이어받지 못하였다면 남종의 제자가 아니다. 『단경』을 이어받지 못한 자는, 돈교법을 설한다 할지라도 근본을 알지 못하기 때문에, 수행해도 쟁론을 면치 못하리라. 법을 얻은 자만이 수행을 권할 수 있다. 쟁론은 승부를 가리려는 마음이니 도와는 어긋난다.

---

715 '수지법처須知法處'에서 '須知'는 '확인하다'의 뜻으로 볼 수 있으며, '法處'는 문맥상 '법을 얻은 곳' 또는 '법을 받은 곳' 정도로 새길 수 있다.

世人盡傳南宗能比[716]秀, 未知根本事由. 且[717]秀禪師於南荊府堂[718]陽縣[719]玉泉寺住持[720]修行, 惠能[721]大師於韶州城東三十五里漕溪山住. 法卽一宗, 人有南北,[722] 因此便立南北. 何以漸頓? 法卽一種, 見有遲疾, 見遲卽漸, 見疾卽頓. 法無漸頓,[723] 人有利鈍, 故名漸頓.

---

716 比 : 〔S〕〔敦博〕〔旅博〕 比 〈'比'는 '北'의 오기인 듯하다.〉

717 且 : 〔敦博〕〔旅博〕 且, 〔S〕 旦

718 堂 : 〔S〕〔敦博〕〔旅博〕 堂 〈'堂'은 '當'의 오기인 듯하다.〉

719 陽縣 : 〔S〕〔旅博〕 陽縣, 〔敦博〕 楊懸

720 持 : 〔敦博〕〔旅博〕 持, 〔S〕 時

721 惠能 : 〔S〕〔敦博〕 惠能, 〔旅博〕 能

722 北 : 〔敦博〕 北, 〔S〕〔旅博〕 比

723 漸頓 : 〔S〕〔旅博〕 漸頓, 〔敦博〕 頓漸

세상 사람들이 모두 '남종의 혜능, 북종의 신수(南能北秀)'라고 전하기는 하지만 그런 말이 나온 근본적인 사연은 알지 못한다. 신수 선사는 남형부 당양현 옥천사[724]에 주지로 있으면서 수행하였고, 혜능 대사는 소주성韶州城에서 동쪽으로 35리 되는 조계산에 머물고 있었다. 법은 하나의 종지이지만 사람에는 남북이 있어, 이로 인해 남종과 북종이 있게 된 것이다. 무슨 까닭에 점돈이라 하는가? 법은 한가지이지만 이를 보는 데에는 느림과 빠름이 있으니, 보는 것이 느리면 점이요, 보는 것이 빠르면 돈이다. 법에는 점과 돈이 없지만 사람에게는 영리함과 둔함이 있어, 점과 돈이라 이름을 붙인 것이다.

---

724 옥천사玉泉寺 : 중국 호북성湖北省 형주부荊州府 옥천산玉泉山 동남쪽 기슭에 있다. 천태지의天台智顗가 이곳에서 『법화현의法華玄義』, 『마하지관摩訶止觀』을 강설한 것으로 유명하다. 당시 서하棲霞, 영암靈岩, 천태天台 등과 함께 총림사절叢林四絶이라 불렸다. 후에 신수神秀와 홍경弘景 등이 이곳에 머물렀고, 남악회양南嶽懷讓은 이곳에서 홍경에게서 체발剃髮하였으며, 대매법상大梅法常이 젊은 시절 수학한 곳이기도 하다.

神秀師, 常見人說, 惠能法疾, 直旨見路.[725] 秀師遂喚[726]門人僧志誠曰, "汝聰明多智, 汝與吾至漕溪山. 到惠能所, 禮拜但聽, 莫言吾使汝來. 所聽得[727]意旨記取, 却來與吾說. 看惠能見解與吾誰疾遲, 汝第[728]一早來, 勿令吾怪."

725 見路 : 〔敦博〕〔旅博〕 見路, 〔S〕 路

726 喚 : 〔敦博〕〔旅博〕 喚, 〔S〕 換

727 得 : 〔敦博〕〔旅博〕 得, 〔S〕 德

728 第 : 〔敦博〕 第, 〔S〕〔旅博〕 弟

신수 선사는 사람들이 '혜능의 법은 빨라서 곧바로 가리켜 길을 보게 한다'고 말하는 소리를 항상 들어왔다. 신수 선사가 마침내 문인 지성을 불러 말하였다. "너는 총명하고 지혜로우니, 네가 나 대신 조계산에 가라. 혜능의 처소에 이르러서는 예배하고 듣기만 할 뿐, 내가 보내서 왔다고는 말하지 마라. 들은 내용을 기억해서 돌아와 내게 말해다오. 혜능의 견해와 나의 견해 중에서 누가 빠르고 느린지 보고서, 너는 무엇보다도[729] 빨리 돌아와 내가 걱정하지 않게 해라."

---

729 여기에서 '제일第一'은 '무엇보다', '반드시'의 뜻으로 보았다.

志誠奉使歡喜, 遂半月中間, 卽至漕溪山. 見惠能和尙,[730] 禮拜卽聽, 不言來處. 志誠[731]聞法, 言下[732]便悟,[733] 卽契[734]本心, 起立卽禮拜白[735]言, "和尙, 弟子從玉泉寺來. 秀師處不得[736]契[737]悟, 聞和尙說, 便契[738]本心. 和尙[739]慈悲, 願當敎[740]示."

730 尙 : 〔敦博〕 尙, 〔S〕〔旅博〕 當

731 誠 : 〔敦博〕〔旅博〕 誠, 〔S〕 城

732 言下 : 〔敦博〕〔旅博〕 言下, 〔S〕 下˘言

733 悟 : 〔S〕〔旅博〕 悟, 〔敦博〕 吾

734 契 : 〔S〕〔旅博〕 契, 〔敦博〕 啓

735 白 : 〔敦博〕 白, 〔S〕〔旅博〕 自

736 得 : 〔敦博〕〔旅博〕 得, 〔S〕 德

737 契 : 〔S〕〔旅博〕 契, 〔敦博〕 啓

738 契 : 〔S〕〔旅博〕 契, 〔敦博〕 啓

739 和尙 : 〔敦博〕〔旅博〕 和尙, 〔S〕 尙˘和

740 敎 : 〔敦博〕 敎, 〔S〕〔旅博〕 散

지성은 스승의 명을 기쁜 마음으로 받들어 마침내 반 개월여 만에 조계산에 이르렀다. 혜능 화상을 뵙고 예배하고 법문을 들으면서도 어디서 왔는지는 말씀드리지 않았다. 지성은 혜능 화상의 법문을 듣고 그 자리에서 바로 깨달아 자기의 본래 마음과 계합하고, 일어나 예배하고 아뢰었다. "화상이시여, 제자는 옥천사에서 왔습니다. 신수 선사가 계신 곳에서는 (저의 본래 마음과) 계합하여 깨닫지 못하였는데, 화상께서 설하신 말씀을 듣고는 바로 저의 본래 마음과 계합하게 되었습니다. 화상께서는 자비로운 마음으로 가르침을 주시기를 바랍니다."

惠能大師曰, “汝從彼[741]來, 應是細[742]作.” 志誠[743]曰, “不是.” 六祖曰, “何以不是?”[744] 志誠[745]曰, “未說時卽是, 說了卽不是.”[746] 六祖言, “煩惱卽是菩提, 亦復如是.”

741 彼 : 〔敦博〕〔旅博〕 彼, 〔S〕 被

742 細 : 〔敦博〕 細, 〔S〕〔旅博〕 紬

743 誠 : 〔敦博〕 誠, 〔旅博〕 城

744 志誠曰 不是 六祖曰 何以不是 : 〔敦博〕〔旅博〕 志誠曰 不是 六祖曰 何以不是, 〔S〕 결락

745 誠 : 〔S〕〔敦博〕 誠, 〔旅博〕 城

746 了卽不是 : 〔敦博〕〔旅博〕 了卽不是, 〔S〕 乃了卽是

혜능 대사께서 말씀하셨다. "네가 그곳에서 왔다면 틀림없이 염탐꾼이겠구나." 지성이 말했다. "아닙니다." 육조께서 말씀하셨다. "무슨 이유로 아니라 하느냐?" 지성이 말했다. "말씀드리기 전에는 그랬을지라도, 말씀드리고 나서는 더 이상 염탐꾼이 아니기 때문입니다." 육조께서 말씀하셨다. "번뇌가 곧 보리인 것이 이와 같구나."

大師謂志誠[747]曰, "吾聞汝[748]禪師教人, 唯傳戒定惠. 汝[749]和尙教人戒定惠如何? 當爲吾說." 志誠[750]曰, "秀和尙[751]言戒定惠, 諸惡不作名爲戒, 諸善奉行名爲惠, 自淨其意名爲定, 此卽名爲戒定惠. 彼作如是說, 不知和尙所見如何?" 惠能和尙答曰, "此說不可思議, 惠能所見又別." 志誠[752]問, "何以別?" 惠能答曰, "見有遲疾."

747 誠 : 〔S〕〔敦博〕 誠, 〔旅博〕 城

748 汝 : 〔敦博〕〔旅博〕 汝, 〔S〕 與

749 汝 : 〔敦博〕〔旅博〕 汝, 〔S〕 與

750 誠 : 〔敦博〕 誠, 〔S〕〔旅博〕 城

751 和尙 : 〔敦博〕〔旅博〕 和尙, 〔S〕 尙˘和

752 誠 : 〔敦博〕 誠, 〔S〕〔旅博〕 城

대사께서 지성에게 말씀하셨다. "너의 스승이 학인들을 가르침에 오로지 계정혜만을 전한다고 들었다. 너의 스승은 어떤 방식으로 학인들에게 계정혜를 가르치느냐? 내게 말해보라." 지성이 말씀드렸다. "신수 화상이 말하는 계정혜란, 어떠한 악도 짓지 않는 것이 계요, 온갖 선을 받들어 행하는 것이 혜요, 스스로 자신의 뜻을 깨끗하게 함이 정이니,[753] 바로 이것을 계정혜라 한다고 하십니다. 신수 화상은 이와 같이 설하시는데, 화상께서는 견해가 어떠하신지요?" 혜능 화상께서 답하셨다. "그 설이 훌륭하긴 하다만[754], 나의 견해는 외려 다르다." 지성이 여쭈었다. "어떻게 다릅니까?" 혜능이 답하였다. "보는 것에는 느림과 빠름이 있다."

---

753 '칠불통계게七佛通戒偈' 또는 '제악막작게諸惡莫作偈'로 알려진 네 구절 가운데 세 구절이다. 첫째 구는 소극적인 지악止惡을, 둘째 구는 적극적인 행선行善을, 셋째 구는 지악행선止惡行善의 근본으로서 자기 마음의 정화를 나타내고 있다. 마지막 넷째 구절 '그것이 모든 부처님의 가르침이라네(是諸佛教)'에서는 앞의 세 구절을 아우르며, 이것이 칠불의 공통된 가르침이라고 설한다.

754 '불가사의不可思議'는 의미상 '훌륭하다'의 뜻으로 보았다. 문맥을 고려하면 반어적 표현일 가능성도 있을 듯하다.

志誠[755]請和尙說所見戒定惠. 大師言, “如汝聽吾[756]說, 看吾[757]所見處. 心地無疑非自性[758]戒, 心地無亂是自性[759]定, 心地無癡是自性惠.[760]” 能大師[761]言, “汝師[762]戒定惠勸小[763]根智[764]人, 吾戒定惠勸上智人,[765] 得悟,[766] 自亦不立戒定惠.”

755 誠 :〔敦博〕誠,〔S〕〔旅博〕城

756 吾 :〔敦博〕〔旅博〕吾,〔S〕悟

757 吾 :〔敦博〕〔旅博〕吾,〔S〕悟

758 性 :〔敦博〕〔旅博〕性,〔S〕姓

759 性 :〔敦博〕〔旅博〕性,〔S〕姓

760 是自性惠 :〔敦博〕是自性惠,〔旅博〕自是˘性惠,〔S〕自姓是惠

761 能大師 :〔S〕能大師,〔敦博〕〔旅博〕大師

762 汝師 :〔敦博〕〔旅博〕汝師,〔S〕汝

763 小 :〔S〕〔敦博〕小,〔旅博〕少

764 智 :〔敦博〕〔旅博〕智,〔S〕諸

765 上智人 :〔敦博〕〔旅博〕上智人,〔S〕上人

766 悟 :〔敦博〕〔旅博〕悟,〔S〕吾

지성은 화상께 계정혜에 대한 견해를 말씀해주실 것을 청하였다. 대사께서 말씀하셨다. “네가 나의 말을 듣고 나면 내 견해가 어떤지 알 수 있을 것이다. 마음자리에 의심의 잘못이 없음이 자성의 계요,[767] 마음자리에 산란함이 없음이 자성의 정이요, 마음자리에 어리석음이 없음이 자성의 혜이니라.” 혜능 대사께서 말씀하셨다. “너의 스승의 계정혜는 소근기의 지혜를 가진 이를 이끌기 위한 것이요, 나의 계정혜는 상근기의 지혜를 가진 이를 이끌기 위한 것이나, 깨닫고 나면 자연히 또한 계정혜를 세우지 않게 될 것이다.[768]”

---

767 ‘心地無疑非自性戒’에서 ‘非’는 이어지는 구절을 고려하면, 문장구조 상 ‘是’가 되거나, 뒤의 구절 중 ‘是自性定’, ‘是自性惠’에서 ‘是’가 ‘非’가 되어야 자연스럽다. 후대 판본에서는 ‘是’나 ‘非’를 임의로 생략하고 교감한 경우도 있으나, 여기에서는 최대한 원문의 글자를 반영하고자, ‘疑非’ 자체를 ‘의심의 잘못’으로 새겼다.

768 ‘得悟自亦不立戒定惠’에서 네 글자 구조를 고려하면, ‘得悟自’ 뒤에 문맥상 ‘性’ 자가 결락된 것으로 보인다. 후대 판본에서는 ‘性’ 자를 임의로 추가하여 ‘스스로 자성을 깨칠 수 있다면’으로 본 경우도 있으나, 여기에서는 원문의 글자대로 번역하고자 ‘得悟, 自亦不立戒定惠’로 교감하여 그 뜻을 새겼다.

志誠[769]言, "請[770]大師說不立如何?" 大師言, "自性[771]無非無亂無癡, 念念般若觀照, 當離法相,[772] 有何可立? 自性[773]頓修, 立有漸次, 所[774]以不立." 志誠禮拜, 便不離漕溪山, 卽爲門人,[775] 不離大師左右.

---

769 誠:〔敦博〕誠,〔S〕〔旅博〕城

770 請:〔S〕〔旅博〕請,〔敦博〕淸

771 性:〔敦博〕〔旅博〕性,〔S〕姓

772 相:〔S〕〔旅博〕相,〔敦博〕照相

773 性:〔敦博〕〔旅博〕性,〔S〕姓

774 次所:〔敦博〕〔旅博〕次所,〔S〕此契

775 門人:〔S〕〔旅博〕門人,〔敦博〕人

지성이 여쭈었다. "대사께서 (계정혜를) 세우지 않게 될 것이라고 하신 말씀을 설명해주십시오." 대사께서 말씀하셨다. "자성이란 잘못이 없음이고 산란함이 없음이며 어리석음이 없음이니, 생각마다 반야로 관조한다면 응당 법이라는 상에서 벗어날 터인데 무엇을 세울 것이 있겠는가! 자성은 단박에 닦는 것인데, 세운다면 점차적인 단계가 있게 되니 그런 까닭에 세우지 않는다는 것이다." 지성은 예배드리고는 곧 조계산을 떠나지 않고, 문인이 되어 대사의 곁을 떠나지 않았다.

又有[776]一僧, 名法達, 常[777]誦妙法蓮華經[778]七年, 心迷不知正法之處. 來至漕溪山禮拜, 問大師言, "弟子常誦妙法蓮華經[779]七年, 心迷不知正法之處.[780] 經上有疑,[781] 大師智惠廣大, 願爲除[782]疑." 大師言, "法達, 法卽甚達, 汝心不達. 經上無疑,[783] 汝心自邪, 而求正法. 吾心正定, 卽是持經. 吾一生已來, 不識文字, 汝將法華經來, 對吾讀一遍, 吾聞[784]卽知.[785]

---

776 又有 : 〔S〕〔旅博〕 又有, 〔敦博〕 又

777 常 : 〔S〕〔旅博〕 常, 〔敦博〕 當

778 妙法蓮華經 : 〔敦博〕〔旅博〕 妙法蓮華經, 〔S〕 法華經

779 妙法蓮華經 : 〔旅博〕 妙法蓮華經, 〔敦博〕 妙法華經,

780 正法之處 來至漕溪山禮拜 問大師言 弟子常誦妙法華經七年 心迷不知正法之處 : 〔旅博〕 正法之處 來至漕溪山禮拜 問大師言 弟子常誦妙法蓮華經七年 心迷不知正法之處, 〔敦博〕 正法之處 來至漕溪山禮拜 問大師言 弟子常誦妙法華經七年 心迷不知正法之處, 〔S〕 正法之處 이하 결락

781 疑 : 〔S〕〔旅博〕 疑, 〔敦博〕 癡

782 除 : 〔敦博〕〔旅博〕 除, 〔S〕 時

783 疑 : 〔旅博〕 疑, 〔S〕〔敦博〕 癡

784 聞 : 〔敦博〕〔旅博〕 聞, 〔S〕 問

785 知 : 〔敦博〕〔旅博〕 知, 〔S〕 之

또 법달이라는 한 스님이 있었는데, 7년 동안 『묘법연화경』을 늘 외웠으나 마음이 미혹하여 정법의 당처를 알지 못하였다. 조계산에 찾아와 예배하고 대사께 여쭈었다. “제가 7년 동안 『묘법연화경』을 늘 외웠으나, 마음이 미혹하여 정법의 당처를 알지 못하겠습니다. 그 경에서 의문이 있는데, 대사께서는 지혜가 광대하시니 그 의문을 풀어주시기 바랍니다.” 대사께서 말씀하셨다. “법달아, 법에는 깊이 통달하였으나, 네 마음은 통달하지 못하였구나.[786] 경에는 의심스러운 점이 없는데, 네 마음이 스스로 삿되어서, 정법을 구하는구나. 내 마음[787]은 바르고 고요하니[788], 이미 경을 수지하고 있다. 나는 일생토록 문자를 알지 못했지만, 네가 『묘법연화경』을 가져와 내게 한 번 읽어준다면 나는 듣는 즉시 바로 알 것이다.”

---

786 ‘法卽甚達 汝心不達’은 ‘法達’의 이름을 활용한 일종의 언어 유희적 표현이다.

787 여기에서 ‘오심吾心(나의 마음)’은 문맥상 ‘혜능의 마음’으로 볼 수 있다.

788 원문은 ‘정정正定’이다. 앞의 ‘사邪’와 대비하여 ‘바르고 고요하다’라고 번역하였다. 팔정도 가운데 하나인 ‘정정正定’의 의미는 아니다.

法達取經, 對[789]大師讀一遍. 六祖聞[790]已, 卽識佛意, 便與[791]法達說法華經. 六祖言, "法達, 法華經無多語, 七卷盡是譬兪[792]因[793]緣. 如來廣說三乘, 只爲世人根鈍. 經文[794]分[795]明, 無有餘乘, 唯有[796]一佛乘."

---

789 對 : 〔敦博〕 對, 〔S〕〔旅博〕 到對

790 聞 : 〔敦博〕〔旅博〕 聞, 〔S〕 問

791 與 : 〔旅博〕 與, 〔S〕 汝, 〔敦博〕 已

792 兪 : 〔S〕〔旅博〕 兪, 〔敦博〕 如

793 因 : 〔敦博〕〔旅博〕 因, 〔S〕 內

794 文 : 〔敦博〕〔旅博〕 文, 〔S〕 聞

795 分 : 〔旅博〕 分, 〔S〕〔敦博〕 公

796 唯有 : 〔敦博〕 唯有, 〔S〕〔旅博〕 唯

법달이 경을 가져와 대사께 한 번 읽어드렸다. 육조께서는 들으시자마자 바로 부처님의 뜻을 알아차리고 법달에게 『법화경』을 설하셨다. 육조께서 말씀하셨다. "법달아, 『법화경』에 번다한 말씀은 없으니, 일곱 권 모두가 인연에 대한 비유이다.[797] 여래께서 삼승을 광범위하게 설하신 것은 세상 사람들의 근기가 둔했기 때문이다. 경문에는 분명히 '여타의 다른 승은 있지 않고 오로지 일불승만이 있다'고 하였다."

---

797 『法華經』의 내용이 '일대사인연一大事因緣'을 비유한 것이므로, '인연에 대한 비유'로 새겼다.

大師,[798] "法達, 汝聽一佛乘, 莫求二佛乘, 迷却[799]汝性.[800] 經中何處是一佛乘? 吾與汝[801]說. 經云, '諸佛世尊, 唯以[802]一大事因緣故, 出現於世.'≪已上十六字[803]是正法≫ 法如何解, 此法如何修?

798 〈'大師' 다음에 '言' 자가 결락된 듯하다.〉

799 却 : 〔S〕〔旅博〕 却, 〔敦博〕 卽却

800 性 : 〔敦博〕〔旅博〕 性, 〔S〕 聖

801 吾與汝 : 〔敦博〕〔旅博〕 吾與汝, 〔S〕 汝與

802 以 : 〔敦博〕〔旅博〕 以, 〔S〕 汝

803 字 : 〔敦博〕〔旅博〕 字, 〔S〕 家

대사께서 말씀하셨다. “법달아, 너는 일불승一佛乘이라 하신 말씀에 귀 기울여야지, 이불승二佛乘[804]을 구하다가 도리어 너의 성품을 어지럽혀서는 안 된다. 그렇다면 『법화경』 어디에서 일불승을 말씀하고 있는가? 내가 네게 설해주리라. 경에, ‘모든 부처님께서는 오직 일대사인연 때문에 세상에 출현하신다’[805] ≪이상의 열여섯 자가 바로 정법이다.≫라고 하셨으니, 이 법을 어떻게 이해하고, 이 법을 어떻게 닦아야 하겠느냐?

804 이승二乘과 삼승三乘을 아울러 ‘이불승二佛乘’이라 한 것이다.

805 『法華經』 권1 「方便品」 T9, p.7a, “諸佛世尊, 唯以一大事因緣故, 出現於世.”

汝聽吾說. 人心不思, 本源空寂, 離却邪見, 卽一大事[806]因緣. 內外不迷, 卽離兩邊. 外迷着[807]相, 內迷着空. 於相離相, 於空離空, 卽是不迷.[808] 若悟[809]此法, 一念心開, 出現於世. 心開何物? 開佛知見. 佛猶[810]覺也, 分爲四門, 開覺知見, 示覺知見,[811] 悟覺知見, 入覺[812]知見. 開示悟入上一處入, 卽覺知見, 見自本性, 卽得出世."

---

806 事 : 〔敦博〕〔旅博〕 事, 〔S〕 是

807 着 : 〔敦博〕 着, 〔S〕〔旅博〕 看

808 迷 : 〔敦博〕 迷, 〔S〕〔旅博〕 空

809 若悟 : 〔旅博〕 若悟, 〔S〕 迷吾, 〔敦博〕 若吾

810 猶 : 〔旅博〕 猶, 〔S〕〔敦博〕 猶如

811 示覺知見 : 〔S〕〔旅博〕 示覺知見, 〔敦博〕 결락

812 覺 : 〔S〕〔旅博〕 覺, 〔敦博〕 竟

너는 내 말을 잘 들어보아라. 사람의 마음에서 생각을 일으키지 않아, 본래의 근원 그대로 공적하여 삿된 견해를 벗어나는 것이 바로 일대사인연이다. 안으로든 밖으로든 미혹하지 않으면 양변에서 벗어날 것이다. 밖으로 미혹하면 상에 집착하고, 안으로 미혹하면 공에 집착하게 된다. 상에서 상을 떠나고, 공에서 공을 떠나는 것이 바로 '미혹하지 않다(不迷)'는 말의 의미이다. 이 법을 깨친다면 한순간에 마음이 열려 세상에 출현하게 된다. 마음이 무엇을 여는가? 부처님의 지견을 연다. 부처란 깨달음과 같은 뜻으로서 네 문으로 나뉘니, 깨달음의 지견을 열고, 깨달음의 지견을 드러내 보이고, 깨달음의 지견을 일깨우고, 깨달음의 지견에 들어가게 하는 것이다. 열고, 드러내 보이고, 일깨우고, 들어가게 함이 한 곳으로 향해 들어가니[813] 곧 깨달음의 지견이요, 자기의 본성을 보는 것이 바로 세상에 출현하는 것이다."

---

813 '開示悟入上一處入'에서 '上'의 의미는 다소 불분명하다. '上一處'를 새기면, '위의 한 곳', '위의 한 자리' 정도의 뜻이 되나, 가리키는 바는 정확히 알 수 없다. '正法之處'의 뜻으로 보아도 의미가 불확실하여, 위에서는 문맥상 '一處'의 뜻으로 새겼다.

大師言, “法達, 吾[814]常願, 一切世人心地, 常自開佛知見, 莫開衆生知見. 世人心愚迷造惡, 自開衆生知見. 世人心正, 起智惠觀照, 自開佛知[815]見. 莫開衆生知[816]見, 開佛知[817]見卽出世.” 大師言, “法達, 此是[818]法達[819]經一乘法. 向下分三, 爲迷[820]人故, 汝但依[821]一佛乘.”

---

814 吾 : 〔敦博〕〔旅博〕 吾, 〔S〕 悟

815 知 : 〔敦博〕〔旅博〕 知, 〔S〕 智

816 知 : 〔敦博〕〔旅博〕 知, 〔S〕 智

817 知 : 〔敦博〕〔旅博〕 知, 〔S〕 智

818 是 : 〔S〕〔旅博〕 是, 〔敦博〕 事

819 達 : 〔S〕〔敦博〕〔旅博〕 達 〈‘達’은 ‘華’의 오기이다.〉

820 迷 : 〔敦博〕〔旅博〕 迷, 〔S〕 名

821 依 : 〔敦博〕〔旅博〕 依, 〔S〕 於

대사께서 말씀하셨다. “법달아, 나는 세상의 모든 사람들이 자신의 마음자리에서 스스로 부처님의 지견을 열고 중생의 지견은 열지 않기를 항상 바란다. 그런데 세상 사람들 마음이 어리석고 미혹하여, 악업을 지어내고 스스로 중생의 지견을 여는구나. 세상 사람들의 마음이 바르기만 하다면, 지혜를 일으켜 관조하여 스스로 부처님의 지견을 열 것이다. 중생의 지견을 열지 말고, 부처님의 지견을 여는 것이 바로 세상에 출현하는 것이다.” 대사께서 말씀하셨다. “법달아, 이것이 바로 『법화경』에서 말씀하신 일승법이니라. 뒤에[822] 삼승으로 나눈 것은 미혹한 이들을 위한 때문이니, 너는 다만 일불승을 의지하라.”

822 向下는 唐의 구어로서 ‘이후’, ‘뒤에’라는 뜻이다.

大師言, "法達, 心行轉法華, 不行法華轉. 心正轉法華, 心邪[823]法華轉, 開佛知[824]見轉法華, 開衆生知[825]見被法華轉." 大師言, "努力, 依法修行, 卽是轉經." 法達一聞,[826] 言下大悟, 涕淚悲泣, 白[827]言, "和尙, 實未曾[828]轉法華, 七年被[829]法華轉. 已後轉法華, 念念修行佛行." 大師言, "卽佛行是佛." 其時聽人[830]無[831]不悟者.

823 邪 : 〔旅博〕 邪, 〔S〕〔敦博〕 耶

824 知 : 〔敦博〕〔旅博〕 知, 〔S〕 智

825 知 : 〔敦博〕〔旅博〕 知, 〔S〕 智

826 一聞 : 〔S〕〔旅博〕 一聞, 〔敦博〕 聞

827 白 : 〔敦博〕〔旅博〕 白, 〔S〕 自

828 曾 : 〔敦博〕〔旅博〕 曾, 〔S〕 僧

829 被 : 〔S〕〔旅博〕 被, 〔敦博〕 彼

830 人 : 〔敦博〕〔旅博〕 人, 〔S〕 入

831 無 : 〔S〕〔敦博〕 無, 〔旅博〕 元

대사께서 말씀하셨다. "법달아, 마음이 마땅히 『법화경』을 굴려야지, 『법화경』에 굴림을 당해서는 안 된다.[832] 마음이 바르면 『법화경』을 굴리고, 마음이 삿되면 『법화경』에 굴림을 당하며, 부처님의 지견을 열면 『법화경』을 굴리고, 중생의 지견을 열면 『법화경』에 굴림을 당하느니라." 대사께서 말씀하셨다. "노력할지니, 법에 의지해 수행하는 것이 바로 경전을 굴리는 것이다." 법달이 한 번 듣고서 언하에 크게 깨닫고는 눈물을 흘리며 아뢰었다. "화상이시여, 진실로 『법화경』을 굴린 적은 없고, 7년 동안 『법화경』에 굴림을 당해왔습니다. 이후로는 『법화경』을 굴리며 매순간 부처의 행을 닦겠습니다." 대사께서 말씀하셨다. "곧 부처로서 행하는 것이 부처이니라." 그때에 설법을 들은 대중 가운데 깨닫지 않은 이가 없었다.

---

832 '心行轉法華, 不行法華轉'에서 '行', '不行'은 구어적 의미를 반영하여 '當'의 뜻으로 보았다.

時有一僧, 名智常, 來漕溪山, 禮拜和尙, 問[833]四乘法義. 智常問[834]和尙曰, "佛說三乘, 又言最上乘. 弟[835]子不解, 望爲教[836]示." 惠能大師曰, "汝自身心見, 莫着外法相. 元無四乘法, 人心量[837]四等, 法有四乘. 見聞讀誦是小乘, 悟解義是中乘, 依[838]法修行是大乘, 萬法盡通, 萬行[839]俱備, 一切無離,[840] 但離法相, 作無所得,[841] 是最上乘. 乘是最上行義, 不在口諍. 汝須自修, 莫問吾[842]也."

---

833 問 :〔敦博〕〔旅博〕問, 〔S〕聞

834 問 :〔敦博〕〔旅博〕問, 〔S〕聞

835 弟 :〔S〕〔敦博〕弟, 〔旅博〕苐

836 教 :〔敦博〕教, 〔S〕〔旅博〕敬

837 量 :〔敦博〕〔旅博〕量, 〔S〕不量

838 依 :〔敦博〕〔旅博〕依, 〔S〕衣

839 行 :〔敦博〕〔旅博〕行, 〔S〕幸

840 無離 :〔S〕無離, 〔敦博〕〔旅博〕不離染

841 得 :〔敦博〕〔旅博〕得, 〔S〕德

842 吾 :〔敦博〕〔旅博〕吾, 〔S〕悟

당시에 지상이라는 스님이 조계산을 찾아와 화상께 예배하고 사승법의 뜻을 물었다. 지상이 화상께 여쭈었다. "부처님께서는 삼승을 설하고, 또 최상승을 말씀하셨습니다. 저는 그 뜻을 알지 못하겠사오니, 바라건대 가르침을 주십시오." 혜능 대사께서 말씀하셨다. "너는 자신의 마음을 보아야지, 밖의 법상에 집착하지 마라. 원래 사승법이란 없지만, 사람의 마음[843]이 네 등급이니, 법에도 네 가지 승이 있는 것이다. 보거나 들은 대로 독송하는 것은 소승이요, 뜻을 알아차리고 이해하는 것은 중승이요, 법에 의지하여 수행하는 것은 대승이며, 만법에 다 통하고 만행이 골고루 갖추어져 일체의 것에서 벗어남이 없으면서도, 다만 법상에서는 벗어나 무소득의 행을 실천하는 것이 최상승이다. (최상승의) 승이란, 최상의 행위라는 뜻이며 언쟁과는 무관하다. 너는 스스로 닦을 일이지, 내게 묻지 마라."

---

843 '人心量四等'에서 '量'은 '헤아리다'는 뜻의 동사가 아닌, 명사로 보는 것이 적절하다. 그러므로 '心量'은 '마음의 크기', 즉 '마음'으로 새길 수 있다.

又有一僧, 名神會, 南陽[844]人也. 至漕溪山禮拜, 問言, "和尙坐禪,[845] 見[846]不見?" 大師起把打[847]神會三下, 却問神會, "吾打汝, 痛不痛?" 神會答言, "亦痛亦不痛."

844 陽 : 〔S〕 陽, 〔敦博〕 楊, 〔旅博〕 揚

845 坐禪 : 〔敦博〕〔旅博〕 坐禪, 〔S〕 禪˘座

846 見 : 〔敦博〕〔旅博〕 見, 〔S〕 見亦

847 打 : 〔S〕〔敦博〕 打, 〔旅博〕 朾

또 신회라는 한 스님이 있었으니, 남양 사람이다.[848] 조계산에 이르러 예배하고 여쭈었다. "화상께서는 좌선하실 때 보십니까, 보지 않으십니까?" 대사가 일어나 신회를 붙잡아 세 번 때리고 나서 도리어 신회에게 물었다. "내가 너를 때렸는데 아프냐, 아프지 않으냐?" 신회가 답하였다. "아프기도 하고 아프지 않기도 합니다."

---

848 신회神會는 처음에 혜능에 대해 시험 삼아 알아보려는 의도로 찾아왔으나, 후에는 『단경』에서 중요한 역할을 하는 인물이다. 이 시기 신회의 나이가 14~16세 정도일 것이라 추정하였는데, 그 근거가 정확하지 않다. 오히려 신회를 '일승一僧'이라 표현하고 있으므로 당시 그의 연령은 최소 20세 이상으로 짐작된다.

六祖言曰, “吾亦見亦不見.” 神會又問大師, “何以亦見亦不見?” 大師言, “吾亦見, 常見自過患, 故云亦見, 亦不見者, 不見天地人過罪, 所以亦見亦不見[849]也. 汝亦痛亦不痛如何?” 神會答曰, “若不痛卽同無情木石, 若痛卽同凡, 卽起於恨.” 大師言, “神會, 向前見不見是兩邊, 痛不痛[850]是生滅. 汝自性且[851]不見, 敢來弄人.” 神會禮拜[852]禮拜, 更不言.

---

849 不見 : 〔敦博〕〔旅博〕 不見, 〔S〕 不

850 痛不痛 : 〔敦博〕 痛不痛, 〔S〕〔旅博〕 痛

851 且 : 〔敦博〕〔旅博〕 且, 〔S〕 旦

852 神會禮拜 : 〔敦博〕〔旅博〕 神會禮拜, 〔S〕 禮拜

육조께서 말씀하셨다. "나 또한 보기도 하고, 보지 않기도 한다." 신회가 또 대사께 여쭈었다. "어째서 보기도 하고, 보지 않기도 하십니까?" 대사께서 말씀하셨다. "내가 본다고 한 말은 항상 자신의 허물을 보기 때문에 본다고 한 것이요, 보지 않는다고 한 말은 세상 사람들의 죄과를 보지 않기 때문이니, 그런 까닭에 보기도 하고 보지 않기도 한다고 말한 것이다. 네가 아프기도 하고 아프지 않기도 하다고 한 의미는 무엇이냐?" 신회가 답하였다. "아프지 않다고 한다면 정식情識이 없는 목석과 같고, 아프다고 한다면 범부와 같아서 원망을 일으키기 때문입니다." 대사께서 말씀하셨다. "신회야, 좀 전에 보느냐 보지 않느냐고 한 것은 양변이고, 아프기도 하고 아프지 않기도 하다고 한 것은 생멸이다. 너는 자성을 보지도 않고 함부로 찾아와 남을 희롱하느냐." 신회는 거듭 예배하고서 더 이상 말하지 않았다.

大師言, “汝心迷不見, 問善知識覓路. 汝[853]心悟自見, 依法修行. 汝自迷[854]不見自心, 却來問惠能見否? 吾不自知, 代汝迷不得. 汝若自見, 代得吾迷? 何不自修,[855] 問吾見否?” 神會作禮, 便爲門人, 不離漕溪山中, 常在左右.

---

853 汝 : 〔敦博〕〔旅博〕 汝, 〔S〕 以

854 迷 : 〔敦博〕〔旅博〕 迷, 〔S〕 名

855 自修 : 〔S〕〔旅博〕 自修, 〔敦博〕 自修見否 吾不自知

대사께서 말씀하셨다. “너의 마음이 미혹하여 보지 못한다면, 선지식에게 물어 길을 찾아야 하리라. 하지만 너의 마음이 깨어 있어 스스로 볼 수 있다면, 법에 의지해 수행해야 할 것이다. 그런데 너는 스스로 미혹하여 자기 마음은 보지 못하면서, 도리어 혜능을 찾아와 보는지 보지 않는지를 묻느냐? 나는 모르겠구나, 너의 미혹을 대신할 수 없을 것 같다.[856] 네가 만일 볼 수 있다면 내 어리석음을 대신할 수 있겠느냐? 어찌 스스로 닦지 않고서 내게 보는지 보지 않는지를 묻느냐?” 신회는 갖추어 예배하고 문인이 되어, 조계산에서 떠나지 않고 항상 (육조스님) 곁에 있었다.

---

856 ‘吾不自知, 代汝迷不得’은 문맥상 잘못 들어간 구절로 보인다. 이에 후대 판본에서는 임의로 ‘不’ 자를 생략하고 ‘見’ 자를 넣어 교감하거나(대승사본), ‘豈’로 교감하기도 하였다(홍성사본).

大師遂喚門人法海, 志誠, 法達, 智常, 智[857]通, 志徹, 志道, 法珍, 法如, 神會. 大師言, "汝等十[858]弟子近前. 汝等不同餘人, 吾滅度後, 汝各爲一方師.[859] 吾教汝說法,[860] 不失本宗. 擧三科[861]法門, 動三十[862]六對, 出沒卽離兩邊, 說一切法, 莫離於性相. 若有人問法, 出語盡雙, 皆取法對, 來去相因, 究竟二法盡除, 更無去處.

---

857 智 : 〔敦博〕〔旅博〕 智, 〔S〕 志

858 十 : 〔敦博〕〔旅博〕 十, 〔S〕 拾 〈十과 拾은 통용글자. 이하 동일.〉

859 師 : 〔敦博〕〔旅博〕 師, 〔S〕 頭

860 說法 : 〔S〕〔旅博〕 說法, 〔敦博〕 說

861 三科 : 〔敦博〕〔旅博〕 三科, 〔S〕 科

862 三十 : 〔S〕 三十, 〔敦博〕〔旅博〕 卅 〈三十과 卅은 통용글자. 이하 동일.〉

대사께서 마침내 문인인 법해, 지성, 법달, 지상, 지통, 지철, 지도, 법진, 법여, 신회를 부르셨다. 대사께서 말씀하셨다. "너희들 열 제자들아, 가까이 오라. 너희들은 다른 사람과는 다르니, 내가 죽고 난 후에 너희들 각자는 한 곳의 스승이 될 것이다. 내가 너희들이 법을 설할 때 근본 종지를 잃지 않도록 해주겠다. 삼과법문을 들고 삼십육대를 활용하여, 나가고 들어갈 때는(出沒) 양변을 벗어나고, 일체의 법을 설할 때는 성과 상에서 벗어나지 마라. 어떤 사람이 법을 물어와 말할 때는 늘 쌍으로 하여 모두 대법을 취하여, 오고감이 상호 원인이 되어 끝내 두 법이 다 없어져 다시 갈 곳이 없게 하라.

三科法門者, 蔭界入. 蔭是五蔭, 界十八界, 入[863]十二入. 何名五蔭[864]? 色蔭受蔭想[865]蔭行蔭識蔭是. 何名十八界? 六塵六門六識. 何名十二入? 外六塵, 中六門. 何名六塵? 色聲香味觸[866]法是. 何名六門? 眼耳鼻舌身意是. 法性起六識, 眼識耳識鼻識舌識身識[867]意識, 六門六塵. 自性含萬法, 名爲含[868]藏識. 思量卽轉識, 生六識, 出六門六塵, 是三[869]六十八. 由自性邪, 起十八邪, 合[870]自性, 十八正合.[871] 惡用卽衆生, 善用卽佛. 用由[872]何等? 由[873]自性對.

---

863 入 : 〔敦博〕 入, 〔S〕〔旅博〕 是

864 蔭 : 〔S〕〔敦博〕〔旅博〕 蔭 〈蔭은 陰과 통한다. 이하 동일.〉

865 想 : 〔旅博〕 想, 〔S〕〔敦博〕 相

866 味觸 : 〔敦博〕〔旅博〕 味觸, 〔S〕 未獨

867 舌識身識 : 〔S〕〔敦博〕 舌識身識, 〔旅博〕 身識舌識

868 含 : 〔S〕〔旅博〕 含, 〔敦博〕 合

869 是三 : 〔S〕〔旅博〕 是三, 〔敦博〕 三

870 合 : 〔敦博〕 合, 〔S〕〔旅博〕 含

871 合 : 〔旅博〕 合, 〔S〕〔敦博〕 含

872 由 : 〔敦博〕 由, 〔S〕〔旅博〕 油

873 由 : 〔敦博〕〔旅博〕 由, 〔S〕 油

삼과법문이란 음·계·입이다. 음은 5음, 계는 18계, 입은 12입이다. 무엇을 오음이라 하는가? 색음·수음·상음·행음·식음이 그것이다. 무엇을 18계라고 하는가? 육진·육문·육식을 가리킨다. 무엇을 12입이라 하는가? 밖의 육진과 안의 육문을 가리킨다. 무엇을 육진이라 하는가? 색·성·향·미·촉·법이 그것이다. 무엇을 육문이라 하는가? 안·이·비·설·신·의가 그것이다. 법성이 안식·이식·비식·설식·신식·의식이라는 육식, 그리고 육문과 육진을 일으킨다. 자성이 만법을 함유하므로 함장식이라고 한다. 사량한다면 식을 전변하여 육식을 일으키고, 육문과 육진을 드러내니, 이 세(三) 가지의 여섯(六)이 18계이다.[874] 자성에 어긋남으로 말미암아 18계도 어긋나게 일어나고, 자성에 맞으면 18계가 바르게 들어맞는다. 잘못 쓰면 중생이요, 잘 쓰면 부처이다. 쓰는 것은 무엇으로 말미암는가? 자성의 대법으로 말미암는다.

---

874 '육식六識', '육문六門', '육진六塵'은 대등한 관계로서, 이 세 가지가 곧 이 단락에서 설명하는 18계이다.

外境無情, 對有[875]五, 天與地對, 日與月對, 暗與明[876]對, 陰與陽對, 水與火對. 語與言對法與相對, 有十二對. 有爲無爲對,[877] 有色無色對, 有相無相對, 有漏無漏對, 色與空對, 動與淨對, 淸與濁對, 凡[878]與聖[879]對, 僧與俗對, 老與少[880]對, 長[881]與短[882]對, 高與下對.

---

875 對有 : 〔S〕〔旅博〕 對有, 〔敦博〕 有

876 明 : 〔S〕〔敦博〕 明, 〔旅博〕 朋

877 爲對 : 〔敦博〕〔旅博〕 爲對, 〔S〕 爲

878 凡 : 〔S〕〔旅博〕 凡, 〔敦博〕 亂

879 聖 : 〔敦博〕〔旅博〕 聖, 〔S〕 性

880 少 : 〔S〕〔旅博〕 少, 〔敦博〕 小

881 長 : 〔敦博〕 長, 〔S〕〔旅博〕 大大與少少對長

882 短 : 〔S〕〔旅博〕 短, 〔敦博〕 矩

바깥경계의 무정물 중에는 상대되는 것이 5가지 있으니, 하늘과 땅, 해와 달, 어두움과 밝음, 음과 양, 물과 불 등의 상대이다. 언어와 법상(개념)에 12가지 상대되는 것이 있다. 유위와 무위, 유색과 무색, 유상과 무상, 유루와 무루, 색과 공, 동과 정,[883] 맑음과 탁함, 범부와 성인, 승과 속, 늙음과 젊음, 길과 짧음, 높음과 낮음 등의 상대이다.

---

883 원문의 '淨'은 적정寂靜하다는 뜻의 '靜'과 통한다.

自性居起用對, 有十九對. 邪與正對, 癡與惠對, 愚與智對, 亂與定[884]對, 戒與非對, 直與曲[885]對, 實與虛對, 嶮與平對, 煩惱與菩提對, 慈與害[886]對, 喜與順[887]對, 捨與慳對, 進與退對, 生與滅對, 常與無常對, 法身與色身對, 化身與報身對, 體與用對, 性與相對.[888]【有情[889]無親對. 言語與法相對,[890] 有十二對內, 外境有無五對, 三身有三對.】[891] 都合成三十六對法[892]也.

---

884 定 : 〔S〕〔旅博〕 定, 〔敦博〕 空

885 曲 : 〔旅博〕 曲, 〔S〕〔敦博〕 典

886 害 : 〔敦博〕〔旅博〕 害, 〔S〕 空

887 順 : 〔S〕〔敦博〕〔旅博〕 順 〈'順'은 '嗔' 또는 '瞋'의 오기인 듯하다.〉

888 相對 : 〔敦博〕〔旅博〕 相對, 〔S〕 相

889 情 : 〔S〕 淸, 〔敦博〕 情與, 〔旅博〕 淸與 〈〔S〕 본의 '淸'을 '情'의 오자로 보고 이를 반영하여 번역하였다.〉

890 相對 : 〔敦博〕〔旅博〕 相對, 〔S〕 相

891 〈【 】이 부분은 문맥상 착간되었거나 후대에 내용을 첨가하면서 오류가 있었던 것으로 보인다.〉

892 對法 : 〔S〕 對法, 〔敦博〕〔旅博〕 對

자성이 일으켜 작용하는 상대에 19가지 상대가 있다. 삿됨과 바름, 어리석음과 슬기로움, 우둔함과 지혜로움, 산란함과 고요함, 계를 지킴과 지키지 못함, 곧음과 굽음, 실함과 허함, (마음의) 음험함과 공평함, 번뇌와 보리, 인자함과 해치려는 마음, 기쁨과 분노, 베풂과 인색함, 나아감과 물러남, 생성과 소멸, 항상과 무상, 법신과 색신, 화신과 보신, 본체와 작용, 성과 상 등의 상대이다.【유정에는 직접적인 상대가 없다. 언어와 법상의 상대에서 12가지 상대 가운데 바깥경계에 있고 없음이라는 5가지 상대가 있고, 삼신에 3가지 상대가 있다.】도합 36대법이 된다.

此三十六對法, 解[893]用通一切經, 出入卽離兩邊. 如何自性起用三十六對[894]共人言語? 出外於[895]離相, 入內於空離空. 着空卽惟長無明,[896] 着相惟[897]邪見.

---

893 解 : 〔S〕〔旅博〕 解, 〔敦博〕 能

894 六對 : 〔S〕〔敦博〕 六對, 〔旅博〕 (二*卜)對˘六

895 〈'於' 다음에 '相' 자가 누락된 듯하다.〉

896 明 : 〔敦博〕 明, 〔S〕 名, 〔旅博〕 朋

897 〈'惟' 다음에 '長' 자가 누락된 듯하다.〉

이 36대법으로써 일체의 경전을 잘 활용할 줄 안다면, 나가고 들어감에서 곧 양변을 벗어날 수 있다. 어떻게 자성에서 36대를 일으켜 써서 다른 사람과 말해야 하는가? 밖으로 나가서는 상에서 상을 벗어나고, 안으로 들어가서는 공에서 공을 벗어나야 한다. 공에 집착하면 무명을 증장할 뿐이고, 상에 집착하면 삿된 견해를 증장할 뿐이다.

謗法, 直言不用文字, 旣云不用文字, 人[898]不合言語, 言語卽是文字. 自性上說, 空正語言, 本性不空, 迷自惑, 語言除故. 暗不自暗, 以明[899]故暗, 暗不自暗, 以明[900]變暗, 以暗現[901]明.[902] 來去相因. 三十六對, 亦復如是.

---

898 人 : 〔敦博〕〔旅博〕 人, 〔S〕 大

899 明 : 〔敦博〕 明, 〔S〕 名, 〔旅博〕 朋

900 明 : 〔敦博〕 明, 〔S〕 名, 〔旅博〕 朋

901 現 : 〔S〕〔旅博〕 現, 〔敦博〕 現(現*卜)

902 明 : 〔S〕〔敦博〕 明, 〔旅博〕 朋

교법을 비방하면서 다만 문자를 쓰지 않는다고 말하지만, 이미 문자를 쓰지 않는다고 말한 이상, 누구라도 말을 해서는 안 되니 말도 문자이기 때문이다. 자성에서 설하자면 공은 바로 언어이지만, 본성은 공하지 않은 것이니 미혹하여 스스로 현혹된 것을 언어로 제거하기 때문이다.[903] 어두움은 그 자체로 어두움이 아니니 밝음으로 인한 어두움이고, 어두움은 그 자체로 어두움이 아니니 밝음으로써 어두움을 바꾸고, 어두움으로써 밝음을 드러내는 것이다. 이처럼 오가며 서로의 원인이 되니 36대도 이와 같다.

---

903 '자성에서 설하자면 …… 제거하기 때문이다'까지의 부분은 『단경』 후대 판본에서는 모두 삭제되고 실려 있지 않다. 문맥이 잘 통하지 않았기 때문으로 보인다. 번역하기에도 어려움이 있는데, 본 정본화 역주자들은 위와 같이 번역하거나 '자성에서 설하자면 공은 바로 언어이다. 본성이 공이 아니라고 미혹된 것을 언어로 제거하기 때문이다'와 같이도 번역할 수 있다고 본다. 성철 스님은 원문 '語言除故'에서 제除 자를 '사邪' 자로 보고, "자성에 대해서 공을 말하나 바른 말로 하면 본래의 성품은 공하지 않으니 미혹하여 스스로 현혹됨은 말들이 삿된 까닭이다"와 같이 번역하였다.

大師言, "十弟子, 已後傳法, 遞[904]相教授一卷壇[905]經, 不失本宗. 不禀受[906]壇[907]經, 非我宗旨. 如今得了, 遞[908]代流行. 得遇壇[909]經者, 如見吾親授." 十[910]僧得教授已, 寫爲壇[911]經, 遞[912]代流行, 得[913]者必當見性.

---

904 遞 : 〔敦博〕〔旅博〕 遞, 〔S〕 迎

905 壇 : 〔S〕〔敦博〕 壇, 〔旅博〕 擅

906 受 : 〔敦博〕〔旅博〕 受, 〔S〕 授

907 壇 : 〔S〕〔敦博〕 壇, 〔旅博〕 擅

908 遞 : 〔敦博〕〔旅博〕 遞, 〔S〕 迎

909 壇 : 〔S〕〔敦博〕 壇, 〔旅博〕 擅

910 十 : 〔敦博〕〔旅博〕 十, 〔S〕 拾

911 壇 : 〔S〕〔敦博〕 壇, 〔旅博〕 擅

912 遞 : 〔敦博〕〔旅博〕 遞, 〔S〕 迎

913 得 : 〔S〕〔敦博〕 得, 〔旅博〕 得德

대사께서 말씀하셨다. "열 제자들이여, 이후로 법을 전할 경우에 대대로 이 한 권의 『단경』을 전수하여 근본 종지를 잃지 마라. 『단경』을 전해 받지 못하였다면, 나의 종지를 갖지 못한 것이다. 이제 이를 얻었으니 대대로 전하여 널리 퍼뜨려라. 『단경』을 만난 이는 내게 직접 가르침을 받은 것과 같으리라." 열 명의 스님들이 가르침을 받고는 베껴 써서 『단경』으로 만들고, 대대로 널리 퍼뜨렸으니, 이를 얻은 자는 반드시 견성하였다.

大師[914]先天二年八月三日滅度.[915] 七月八日喚門人告別. 大師先天[916]元[917]年於蘄[918]州國恩[919]寺造塔, 至先天二年七月告別. 大師言, "汝衆近前. 吾[920]至八月欲離世間. 汝等有疑早問. 爲汝[921]破疑, 當令[922]迷者盡, 使汝[923]安樂. 吾若去後, 無人[924]敎汝.[925]"

---

914 大師 : 〔S〕〔旅博〕 大師, 〔敦博〕 大

915 三日滅度 : 〔S〕〔旅博〕 三日滅度, 〔敦博〕 三日

916 先天 : 〔敦博〕〔旅博〕 先天, 〔S〕 天

917 元 : 〔敦博〕〔旅博〕 元, 〔S〕 無

918 蘄 : 〔敦博〕〔旅博〕 蘄, 〔S〕 㯀 〈'新' 자의 오기인 듯하다.〉

919 恩 : 〔S〕〔旅博〕 恩, 〔敦博〕 因

920 吾 : 〔敦博〕〔旅博〕 吾, 〔S〕 五

921 汝 : 〔敦博〕〔旅博〕 汝, 〔S〕 外

922 令 : 〔S〕〔旅博〕 令, 〔敦博〕 今

923 汝 : 〔敦博〕〔旅博〕 汝, 〔S〕 與

924 人 : 〔S〕〔旅博〕 人, 〔敦博〕 入

925 汝 : 〔敦博〕〔旅博〕 汝, 〔S〕 與

대사는 선천 2년(713) 8월 3일에 멸도하셨다. 7월 8일에 문인들을 불러 이별을 알리셨다. 대사는 선천 원년에 기주[926] 국은사에 탑을 조성하였고, 선천 2년 7월에 이별을 알리셨다. 대사께서 말씀하셨다. "너희들은 가까이 오라. 나는 8월에 세간을 떠나고자 한다. 너희에게 의문이 있으면 얼른 물어라. 너희들의 의심을 깨뜨려 미혹함이 사라지게 하고, 너희들을 안락하게 해주겠노라. 내가 가고 난 후에는 너희들을 가르쳐줄 사람이 없으리라."

---

926 『단경』의 후대 판본이나 『祖堂集』 권2, 『景德傳燈錄』 권5(T51, p.236a26) 등 전등사서에 따르면, 신주新州의 고택故宅에 탑을 세운 것으로 기록되어 있다. 그런데 돈황본에서는 명확히 기주蘄州로 되어 있어, 기주에 탑을 세웠다면 혜능이 죽기 전 5조를 위해 조탑造塔하여 스승을 계승했음을 보여주었다고 할 수 있을 것이다. 그러나 오기인지 5조가 있던 지역에 탑을 세웠다는 것인지에 대해서 확정할 수 있는 근거는 없다.

法海等衆僧聞已, 涕淚悲泣. 唯有神會不動, 亦不悲泣. 六祖言, "神會小僧, 却得善等, 毁譽不動, 餘[927]者不得. 數年山中, 更修何道. 汝今悲泣, 更有阿誰? 憂吾不知去處在? 若不知去處, 終不別汝. 汝等悲泣, 卽不知吾去處,[928] 若知去處, 卽不悲泣. 性無生滅,[929] 無去無來.

---

927 餘 : 〔敦博〕〔旅博〕 餘, 〔S〕 除

928 去處 : 〔敦博〕〔旅博〕 去處, 〔S〕 處

929 無生滅 : 〔敦博〕 無生滅, 〔S〕 聽無生無滅, 〔旅博〕 聽無生滅

법해 등 여러 스님들이 이 말씀을 듣고서 눈물을 흘리며 슬피 울었다. 오로지 신회만은 동요하지도 않고 슬피 울지도 않았다. 육조께서 말씀하셨다. "신회는 어림에도 도리어 훌륭한 평등의 이치를 깨달아서[930], 비난에도 칭찬에도 동요하지 않는데, 다른 이들은 이를 터득하지 못하였구나. 산중에서 수년을 보냈으면서 도대체 무슨 도를 닦은 것이냐. 너희들이 지금 슬피 우는 것은 도대체 누구 때문이냐? 내가 가는 곳을 알지 못함을 걱정해서이냐? 내가 가는 곳을 알지 못한다면 너희들에게 결코 이별을 고하지도 않았다. 너희들이 슬피 우는 것은 내가 가는 곳을 알지 못해서이리니, 가는 곳을 안다면 슬피 울지 않을 것이다. 성품은 남도 사라짐도 없으며 감도 옴도 없느니라.

930 '却得善等'은 '도리어 선등善等을 얻다'라는 뜻으로, '善等'의 '等'은 '평등'으로 보는 것이 적절하다. 그러므로 '훌륭한 평등의 이치를 얻다', 즉 '선불선의 평등함을 깨닫다'의 뜻으로 볼 수 있다.

汝等盡坐.[931] 吾與汝[932]一偈眞假動淨偈, 汝[933]等盡誦取, 見此偈意, 與[934]吾同. 依[935]此修行, 不失宗旨." 僧衆禮拜, 請大師留偈. 敬心受持.[936]

偈曰:

---

931 坐 : 〔敦博〕〔旅博〕 坐, 〔S〕 座

932 汝 : 〔敦博〕〔旅博〕 汝, 〔S〕 如

933 汝 : 〔敦博〕〔旅博〕 汝, 〔S〕 與

934 與 : 〔敦博〕〔旅博〕 與, 〔S〕 汝

935 依 : 〔敦博〕〔旅博〕 依, 〔S〕 於

936 持 : 〔敦博〕〔旅博〕 持, 〔S〕 特

그대들은 모두 앉아라. 내, 너희들에게 진가동정게眞假動淨偈라는 게 한 수를 주리니, 너희들이 모두 외워 이 게의 뜻을 알게 된다면 나와 같아지리라. 이에 의지하여 수행하며 종지를 잃지 않도록 하라.” 대중이 예배하고 대사께 게를 주실 것을 청하였다. 경건한 마음으로 그것을 받아 지녔다.

게는 이러하다.

一切無有眞, 不以見於眞.

若見於[937]眞者, 是見盡非眞.

若能自有眞, 離假卽心眞.

自心不離假, 無眞何處眞?

---

937 於 : 〔敦博〕〔旅博〕於, 〔S〕衣

일체의 것에 참이란 있지 않으니,
참을 보려 하지 마라.
참이란 것을 보았다면,
이렇게 본 것은 모두 참이 아니니라.[938]
자신이 참을 지닐 수 있으려면,
거짓에서 떠남이 곧 마음을 참되게 하는 것이니라.
자기 마음이 거짓을 떠나지 못하면,
참도 없으니 어디에서 참을 찾겠는가?

---

938 '是見盡非眞'을 번역한 '이렇게 본 것은 모두 참이 아니라는 것'은 곧 '참이란 것은 없다'는 뜻이다.

有性[939]卽解動, 無情[940]卽不[941]動.

若修不動行, 同無情不動.

若見眞不動, 動上有不動.

不動是不動, 無情無佛種.[942]

能善分別相, 第[943]一義不動,

若悟作此見, 則是眞如用.

---

939 性 : 〔S〕〔敦博〕〔旅博〕 性 〈'性'은 '情'의 오기인 듯하다.〉

940 情 : 〔敦博〕〔旅博〕 情, 〔S〕 性

941 不 : 〔S〕〔旅博〕 不, 〔敦博〕 無

942 種 : 〔敦博〕〔旅博〕 種, 〔S〕 衆

943 第 : 〔S〕〔敦博〕 第, 〔旅博〕 弟

유정은 움직일 줄 알고,
무정은 움직이지 않느니라.
부동행不動行만 닦는다면,
무정의 부동[944]에 불과하니라.
참된 부동을 본다면,
움직임 가운데 부동이 있으리라.
(하지만 무정의) 부동은 부동일 뿐이니,
무정에게는 부처의 종자가 없느니라.
능히 상을 잘 분별하는 것이,
최고의 부동이니라,
이러한 견해를 지어낼 줄 아는 것은,
진여의 작용이니라.

---

944 여기에서 '무정無情의 부동不動'은 부정적 대상으로서, '부동행만 닦는다면, 곧 무정의 부동과 같게 된다'는 의미로 보았다.

報諸學道者, 努力須用意.

莫於大乘門, 却執生死智.

前頭人相應, 卽共論佛義.[945]

若實不相應, 合掌令[946]勸善.

此敎本無諍,[947] 若諍[948]失道意.

執迷諍[949]法門, 自性入生死.

945 義 : 〔敦博〕〔旅博〕 義, 〔S〕 語

946 令 : 〔S〕〔旅博〕 令, 〔敦博〕 禮

947 諍 : 〔S〕〔旅博〕 諍, 〔敦博〕 淨

948 若諍 : 〔旅博〕 若諍, 〔S〕 無諍, 〔敦博〕 道˘若

949 諍 : 〔S〕〔旅博〕 諍, 〔敦博〕 淨

도를 배우는 이들에게 답하노니,
노력하고 유념해야 할지니라.
대승의 문하에서,
생사를 분별하는 지혜에 집착해서는 안 되느니라.
훗날 이 뜻에 상응하는 이가 있다면,
불법의 뜻을 함께 논하라.
하지만 상응하지 못한다면,
합장하고 선행을 권하도록 하라.
이 가르침에는 본래 쟁론할 일 없으니,
쟁론한다면 도의 취지[950] 잃어버리리.
법문을 쟁론하는 데 어리석게 집착한다면,
자성은 생사의 세계에 빠지고 말리라.

950 도의道意는 '도의 뜻', 즉 도의 '의도'나 '취지'를 가리킨다.

衆僧既聞, 識大師意, 更不敢諍, 依法修行. 一時禮拜, 卽知[951]大師不久[952]住世. 上座法海向前言, "大師, 大師去後, 衣法當付何人?"

951 知 : 〔敦博〕〔旅博〕 知, 〔S〕 之

952 久 : 〔敦博〕〔旅博〕 久, 〔S〕 求

대중이 말씀을 듣고 나서 대사의 뜻을 알고는, 다시는 논쟁을 벌이지 않고 법에 의지해 수행하였다. 일제히 예배하였고 대사께서 세상에 계실 날이 오래지 않음을 알았다. 상좌 법해가 앞으로 나와 여쭈었다. "대사여, 대사께서 가신 후에 가사와 법을 누구에게 부촉해야 하겠습니까?"

大師言, "法卽付了, 汝不須問. 吾滅後二十餘年, 邪法遼亂, 惑我宗旨, 有人出來, 不惜身命, 定[953]佛敎是非, 竪立宗旨, 卽是吾正法. 衣不合傳.[954] 汝不信, 吾與誦先代五祖傳衣付法誦.[955] 若據第[956]一祖達摩[957]頌意, 卽不合傳衣. 聽吾與汝[958]頌.

頌曰:

953 定 : 〔敦博〕〔旅博〕 定, 〔S〕 弟

954 傳 : 〔敦博〕 傳, 〔S〕〔旅博〕 轉

955 誦 : 〔S〕〔敦博〕〔旅博〕 誦 〈'誦'은 '頌'의 오기인 듯하다.〉

956 第 : 〔S〕〔敦博〕 第, 〔旅博〕 弟

957 摩 : 〔S〕〔旅博〕 摩, 〔敦博〕 磨

958 吾與汝 : 〔旅博〕 吾與汝, 〔敦博〕 吾汝˘與, 〔S〕 五與汝

대사께서 말씀하셨다. "법은 이미 전하였으니, 너는 물을 필요 없다. 내가 죽은 후 20여 년이 지나 삿된 법이 어지러이 뒤섞여 나의 종지를 혼란스럽게 할 것이나, 어떤 이가 나타나 목숨을 아끼지 않고 불교의 시비를 정하여 종지를 세우리니, 그것은 바로 나의 바른 법일 것이다. 가사는 전하지 않음이 옳다.[959] 네가 믿지 못하겠다면 선대의 다섯 조사께서 가사를 전하고 법을 부촉하며 읊으신 송을 내가 읊어주리라. 제1조 달마 송의 뜻에 따르면 가사를 전하지 않음이 옳으니라. 내 너에게 송을 읊어주리니 들어보아라.

송은 이러하다.

959 『菩提達摩南宗定是非論』에 따르면 신수는 5조 홍인弘忍의 전법가사傳法袈裟는 혜능에게 있다고 하였지만 보적普寂이 신수를 7조로 내세웠다며 비판하고 있다. 돈황본 『단경』에 이르러서는 직접 가사를 전수하던 것에서 전법게傳法偈로 대신하게 된 정황을 살펴볼 수 있다. 『菩提達摩南宗定是非論』 및 柳田聖山 『初期禪宗史書の研究』(禪文化研究所, 1967) pp.261~265 참조.

第[960]一祖 達摩[961]和尙 頌曰:

吾大[962]來唐[963]國, 傳敎救迷情.[964]

一花開五葉, 結菓[965]自然成.

---

960 第 : 〔S〕〔敦博〕 第, 〔旅博〕 弟

961 摩 : 〔S〕〔旅博〕 摩, 〔敦博〕 磨

962 大 : 〔S〕〔敦博〕〔旅博〕 大 〈'大'는 '本'의 오자인 듯하다. 후대 판본에서도 '本'으로 교감하였으며, 의미상으로도 '本(본래)'이 적절하지만, 번역은 원문 '大'를 '遠'의 뜻으로 보아, 위와 같이 부사 '멀리'로 새겼다.〉

963 唐 : 〔S〕〔敦博〕 唐, 〔旅博〕 庯

964 迷情 : 〔旅博〕 迷情, 〔S〕〔敦博〕 名淸

965 菓 : 〔S〕〔旅博〕 菓, 〔敦博〕 果 〈'果'와 '菓'에 모두 '열매'의 뜻이 있으나, '菓'가 원래부터 과일을 뜻하는 글자이므로, 여기에서는 고형에 해당하는 '菓'를 반영하였다.〉

제1조 달마 화상의 송은 다음과 같다.

"내가 멀리 당나라에 온 까닭은,
가르침 전해 미혹한 중생 구하기 위함이라.
한 송이 꽃에 다섯 잎 피어나면,
열매는 자연히 익으리라."

第[966]二祖 惠可和尚 頌曰:

本來緣有地, 從地種花生.
當本元[967]無地, 花從何處生.

第[968]三祖 僧璨和尚 頌曰:

花種須[969]因地, 地上種化[970]生.
花種無生性,[971] 於地亦無生.

966 第 : 〔S〕〔敦博〕 第, 〔旅博〕 弟

967 本元 : 〔旅博〕 本元, 〔敦博〕 來元, 〔S〕 本願

968 第 : 〔S〕〔敦博〕 第, 〔旅博〕 弟

969 須 : 〔敦博〕 須, 〔S〕〔旅博〕 雖

970 化 : 〔S〕〔敦博〕〔旅博〕 化 〈'化'는 '花'의 오기인 듯하다.〉

971 生性 : 〔S〕 性˘生, 〔敦博〕〔旅博〕 生性

제2조 혜가 화상의 송은 다음과 같다.

"본래 인연이 땅에 있었기에,
땅에서 씨가 꽃으로 피었네.
처음부터 근본이 되는 땅이 없다면,
꽃이 어디에서 피랴."

제3조 승찬 화상의 송은 다음과 같다.

"꽃씨는 땅이 있어야 하지만,
땅에 뿌려져야 꽃으로 피어나네.
꽃씨에 피어날 성품 없다면,
땅 있어도 피어나지 못한다네."

第[972]四祖 道信和尙 頌曰:

花種有生性, 因地種花生.
先緣不和合, 一切盡無生.

第[973]五祖 弘忍和尙 頌曰:

有情來下種,[974] 無情花卽生.
無情又無種, 心地亦無生.

---

972 第 : 〔S〕〔敦博〕 第, 〔旅博〕 弟

973 第 : 〔S〕〔敦博〕 第, 〔旅博〕 弟

974 下種 : 〔S〕 種˘下, 〔敦博〕〔旅博〕 下種

제4조 도신 화상의 송은 다음과 같다.

“꽃씨에 피어날 성품이 있고,
땅에 의지해 씨가 꽃으로 피어나네.
앞의 조건들이 맞지 않는다면,
그 무엇도 자라나지 못하리라.”

제5조 홍인 화상의 송은 다음과 같다.

“유정이 와서 씨앗 뿌리니,
무정인 꽃이 피어나네.
정도 씨앗도 없다면,
마음자리에서도 생겨남 없으리라.”

第[975]六祖 惠能和尙 頌曰:

心地含[976]情種, 法雨卽花生.
自悟[977]花情種, 菩提菓[978]自成.

975 第 : 〔S〕〔敦博〕 第, 〔旅博〕 弟

976 含 : 〔S〕〔旅博〕 含, 〔敦博〕 舍

977 悟 : 〔旅博〕 悟, 〔S〕〔敦博〕 吾

978 菓 : 〔S〕 菓, 〔敦博〕〔旅博〕 果

제6조 혜능 화상의 송은 다음과 같다.[979]

"마음자리에 정과 씨앗 품고 있으니,
법우 내리자 꽃 피었네.
스스로 꽃의 정과 씨앗 깨치면,
보리 열매는 자연히 익으리라."

979 제6조의 게송이 삽입되어 있는 것이 다소 어색하여, 후대 판본에서는 제1조 달마의 게송만 남기고 교감하기도 하였다. 문맥상으로도 1조의 게송만 있어도 충분하다고 볼 수 있어, 제2조~제6조의 이 게송 자체가 후대에 첨가됐을 가능성이 있다.

能大師言, "汝等聽. 吾[980]作二頌, 取達摩[981]和尙頌意. 汝迷人依此[982]頌修行, 必當見性."

第[983]一頌曰:[984]

心地邪花放, 五葉逐根隨.

共造無明葉,[985] 見被葉[986]風吹.

第[987]二頌曰:[988]

心地正花放, 五葉逐根[989]隨.

共修般若惠, 當來佛菩提.

---

980 吾 : 〔S〕〔敦博〕 吾, 〔旅博〕 五

981 摩 : 〔S〕〔旅博〕 摩, 〔敦博〕 磨

982 此 : 〔S〕〔旅博〕 此, 〔敦博〕 法

983 第 : 〔S〕〔敦博〕 第, 〔旅博〕 弟

984 頌曰 : 〔S〕 頌曰, 〔敦博〕〔旅博〕 頌

985 葉 : 〔S〕〔敦博〕〔旅博〕 葉 〈'葉'은 '業'의 오기인 듯하다.〉

986 葉 : 〔S〕〔敦博〕〔旅博〕 葉 〈'葉'은 '業'의 오기인 듯하다.〉

987 第 : 〔S〕〔敦博〕 第, 〔旅博〕 弟

988 頌曰 : 〔S〕 頌曰, 〔敦博〕〔旅博〕 頌

989 根 : 〔敦博〕〔旅博〕 根, 〔S〕 恨

혜능 대사께서 말씀하셨다. "너희들은 들어보라. 내가 달마 화상의 송의 뜻을 취하여 2편의 송을 지으리라. 너희 미혹한 이들이 이 송에 의지하여 수행한다면, 반드시 견성하리라."

첫 번째 송은 다음과 같다.
마음자리에 삿된 꽃 피면,
다섯 꽃잎이 꽃대[990] 따라 돋아나네.
함께 무명이라는 업 지어서,
업의 바람에 불려 날아가리라.

두 번째 송은 다음과 같다.
마음자리에 바른 꽃 피면,
다섯 꽃잎이 꽃대 따라 돋아나네.
함께 반야의 지혜 닦아서,
장차 불보리를 이루리라.

---

990 '五葉逐根隨'의 '根'은 꽃 자체의 뿌리가 아닌, 꽃이 나온 자리, 즉 화축花軸 정도의 의미로서 꽃대를 가리키는 것으로 보았다.

六祖說偈已了，放衆生散. 門人出外思惟，卽知大師不久住世. 六祖後至八月三日食後. 大師言，"汝等着[991]位坐.[992] 吾[993]今共汝[994]等別." 法海問[995]言，"此頓教法傳受,[996] 從上已來至今幾代?"

---

991 着 :〔旅博〕着,〔S〕善,〔敦博〕若

992 坐 :〔敦博〕〔旅博〕坐,〔S〕座

993 吾 :〔敦博〕吾,〔S〕〔旅博〕五

994 汝 :〔敦博〕〔旅博〕汝,〔S〕與

995 問 :〔敦博〕〔旅博〕問,〔S〕聞

996 傳受 :〔S〕〔旅博〕傳受,〔敦博〕(從*卜)受˘傳

육조께서는 게를 설하고 나서 중생들에게 해산하라 하셨다. 문인들이 밖으로 나와 생각하고는, 대사께서 세상에 머무실 날이 오래지 않음을 알아차렸다. 육조께서 그 후 8월 3일 식후에 이르렀다. 대사께서 말씀하셨다. "너희들은 자리에 앉도록 하라. 내 이제 너희들 모두와 헤어지련다." 법해가 여쭈었다. "이 돈교의 법이 전수된 것이 예로부터 지금에 이르기까지 몇 대입니까?"

六祖言,“初傳受七佛, 釋迦牟尼佛第[997]七, 大迦葉[998]第[999]八, 阿難第[1000]九, 末田[1001]地第[1002]十, 商那和修第[1003]十一, 優婆鞠[1004]多第[1005]十二, 提多迦第[1006]十三, 佛陀[1007]難提第[1008]十四, 佛陀[1009]蜜[1010]多第[1011]十五, 脇比丘第[1012]十六, 富那奢第[1013]十七,

---

997 第 : 〔S〕〔敦博〕第, 〔旅博〕弟
998 迦葉 : 〔敦博〕迦葉, 〔S〕葉ˇ迦
999 第 : 〔S〕〔敦博〕第, 〔旅博〕弟
1000 第 : 〔S〕〔敦博〕第, 〔旅博〕弟
1001 末田 : 〔S〕末田, 〔敦博〕末因, 〔旅博〕未因
1002 第 : 〔S〕〔敦博〕第, 〔旅博〕弟
1003 第 : 〔S〕〔敦博〕第, 〔旅博〕弟
1004 鞠 : 〔S〕〔敦博〕鞠, 〔旅博〕掬
1005 第 : 〔S〕〔敦博〕第, 〔旅博〕弟
1006 第 : 〔S〕〔敦博〕第, 〔旅博〕弟
1007 陀 : 〔敦博〕陀, 〔S〕〔旅博〕陁
1008 第 : 〔S〕〔敦博〕第, 〔旅博〕弟
1009 陀 : 〔敦博〕陀, 〔S〕〔旅博〕陁
1010 蜜 : 〔旅博〕蜜, 〔S〕〔敦博〕密
1011 第 : 〔S〕〔敦博〕第, 〔旅博〕弟
1012 第 : 〔S〕〔敦博〕第, 〔旅博〕弟
1013 第 : 〔S〕〔敦博〕第, 〔旅博〕弟

육조께서 말씀하셨다. “처음에 칠불에게 전수되어, 석가모니불 제7, 대가섭 제8, 아난 제9, 말전지 제10, 상나화수 제11, 우바국다 제12, 제다가 제13, 불타난제 제14, 불타밀다 제15, 협비구 제16, 부나사 제17,

馬鳴第[1014]十八, 毗羅長者第[1015]十九,[1016] 龍樹第[1017] 二十,[1018] 迦那提婆第[1019]二十[1020]一, 羅睺羅第[1021] 二十[1022]二, 僧迦那提第[1023]二十[1024]三, 僧迦那[1025]舍 第[1026]二十[1027]四, 鳩摩羅馱[1028]第[1029]二十[1030]五,

---

1014 第：〔S〕〔敦博〕第, 〔旅博〕弟

1015 第：〔S〕〔敦博〕第, 〔旅博〕弟

1016 十九：〔S〕〔旅博〕十九, 〔敦博〕九˘十

1017 第：〔S〕〔敦博〕第, 〔旅博〕弟

1018 二十：〔S〕〔敦博〕二十, 〔旅博〕十˘二

1019 第：〔S〕〔敦博〕第, 〔旅博〕弟

1020 二十：〔S〕〔敦博〕二十, 〔旅博〕廿

1021 第：〔S〕〔敦博〕第, 〔旅博〕弟

1022 二十：〔S〕〔敦博〕二十, 〔旅博〕廿

1023 第：〔S〕〔敦博〕第, 〔旅博〕弟

1024 二十：〔S〕二十, 〔敦博〕卄, 〔旅博〕廿

1025 那：〔S〕〔敦博〕〔旅博〕那 〈'那'는 '耶'의 오기인 듯하다.〉

1026 第：〔S〕〔敦博〕第, 〔旅博〕弟

1027 二十：〔S〕二十, 〔敦博〕卄, 〔旅博〕廿

1028 駄：〔S〕〔敦博〕駄, 〔旅博〕駄

1029 第：〔S〕〔敦博〕第, 〔旅博〕弟

1030 二十：〔S〕二十, 〔敦博〕卄, 〔旅博〕廿

마명 제18, 비라장자 제19, 용수 제20, 가나제바 제21, 라후라 제22, 승가나제 제23, 승가야사 제24, 구마라타 제25,

闍耶多第[1031]二十[1032]六, 婆修盤多[1033]第[1034]二十[1035]七, 摩拏羅第[1036]二十[1037]八, 鶴勒那第[1038]二十[1039]九, 師子比丘第[1040]三十,[1041] 舍那婆斯第[1042]三十[1043]一, 優婆堀第[1044]三十[1045]二, 僧迦羅第[1046]三十[1047]三, 須婆蜜多第[1048]三十[1049]四,

---

1031 第 : 〔S〕〔敦博〕第, 〔旅博〕弟

1032 二十 : 〔S〕二十, 〔敦博〕卄, 〔旅博〕廿

1033 多 : 〔S〕〔敦博〕多, 〔旅博〕陁

1034 第 : 〔S〕〔敦博〕第, 〔旅博〕弟

1035 二十 : 〔S〕二十, 〔敦博〕卄, 〔旅博〕廿

1036 第 : 〔S〕〔敦博〕第, 〔旅博〕弟

1037 二十 : 〔S〕二十, 〔敦博〕卄, 〔旅博〕廿

1038 第 : 〔S〕〔敦博〕第, 〔旅博〕弟

1039 二十 : 〔S〕二十, 〔敦博〕卄, 〔旅博〕廿

1040 第 : 〔S〕〔敦博〕第, 〔旅博〕弟

1041 三十 : 〔S〕三十, 〔敦博〕〔旅博〕卅

1042 第 : 〔S〕〔敦博〕第, 〔旅博〕弟

1043 三十 : 〔S〕三十, 〔敦博〕〔旅博〕卅

1044 第 : 〔S〕〔敦博〕第, 〔旅博〕弟

1045 三十 : 〔S〕三十, 〔敦博〕〔旅博〕卅

1046 第 : 〔S〕〔敦博〕第, 〔旅博〕弟

1047 三十 : 〔S〕三十, 〔敦博〕〔旅博〕卅

사야다 제26, 바수반다 제27, 마나라 제28, 학륵나 제29, 사자비구 제30, 사나바사 제31, 우바굴 제32, 승가라 제33, 수바밀다 제34,

---

1048 第 : 〔S〕〔敦博〕 第, 〔旅博〕 弟

1049 三十 : 〔S〕 三十, 〔敦博〕〔旅博〕 卅

南天竺[1050]國王子第[1051]三子[1052]菩提達摩第[1053]三十[1054]五, 唐國僧惠可第[1055]三十[1056]六, 僧璨第[1057]三十[1058]七, 道信第[1059]三十[1060]八, 弘忍第[1061]三十[1062]九, 惠能自身[1063]當今受法第[1064]四十.[1065]"

大師言, "今日已後, 遞[1066]相傳受, 須有依約, 莫失宗旨."

1050 竺 : 〔旅博〕 竺, 〔S〕 竹, 〔敦博〕 笁

1051 第 : 〔S〕〔敦博〕 第, 〔旅博〕 弟

1052 子 : 〔S〕 子, 〔敦博〕〔旅博〕 太子

1053 第 : 〔S〕〔敦博〕 第, 〔旅博〕 弟

1054 三十 : 〔S〕〔旅博〕 三十, 〔敦博〕 卅

1055 第 : 〔S〕〔敦博〕 第, 〔旅博〕 弟

1056 三十 : 〔S〕 三十, 〔敦博〕〔旅博〕 卅

1057 第 : 〔S〕〔敦博〕 第, 〔旅博〕 弟

1058 三十 : 〔S〕 三十, 〔敦博〕〔旅博〕 卅

1059 第 : 〔S〕〔敦博〕 第, 〔旅博〕 弟

1060 三十 : 〔S〕 三十, 〔敦博〕〔旅博〕 卅

1061 第 : 〔S〕〔敦博〕 第, 〔旅博〕 弟

1062 三十 : 〔S〕 三十, 〔敦博〕〔旅博〕 卅

1063 身 : 〔S〕〔旅博〕 身, 〔敦博〕 今

1064 第 : 〔S〕〔敦博〕 第, 〔旅博〕 弟

1065 四十 : 〔敦博〕〔旅博〕 四十, 〔S〕 十四

1066 遞 : 〔敦博〕〔旅博〕 遞, 〔S〕 迎

남천축국의 셋째 왕자인 보리달마 제35, 당나라 승 혜가 제36, 승찬 제37, 도신 제38, 홍인 제39, 그리고 혜능 내가 법을 이어받아 이제 제40조이다."

대사께서 말씀하셨다. "금일 이후로 (돈교법을) 대대로 전하되 반드시 근거를 지니고서 종지를 잃지 않도록 하라."

法海又白,[1067] "大師今去, 留付何[1068]法, 令[1069]後代人如何見佛?" 六祖言, "汝聽. 後代迷人, 但識衆生, 卽能見佛. 若不識衆生, 覓佛萬劫不得見也.[1070] 吾[1071]今教汝識衆生見佛, 更留見眞佛解脫頌. 迷卽不見佛, 悟者卽見." "法海願聞, 代代流傳, 世世不絶."

六祖言, "汝聽. 吾與汝[1072]說. 後代世人, 若欲覓佛, 但識衆生[1073]卽能識佛. 卽緣[1074]有衆生,[1075] 離衆生無佛心."

1067 白 : 〔S〕〔旅博〕 白, 〔敦博〕 自

1068 付何 : 〔S〕〔敦博〕 付何, 〔旅博〕 何˘付

1069 令 : 〔敦博〕 令, 〔S〕〔旅博〕 今

1070 見也 : 〔S〕〔敦博〕 見也, 〔旅博〕 也

1071 吾 : 〔敦博〕〔旅博〕 吾, 〔S〕 五

1072 與汝 : 〔敦博〕〔旅博〕 與汝, 〔S〕 汝與

1073 衆生 : 〔敦博〕〔旅博〕 衆生, 〔S〕 佛心衆生

1074 緣 : 〔敦博〕〔旅博〕 緣, 〔S〕 像

1075 衆生 : 〔敦博〕〔旅博〕 衆生, 〔S〕 衆

법해가 다시 여쭈었다. "대사께서 이제 가시고 나면 어떤 법을 남겨, 후대 사람들이 어떻게 부처를 보도록 하시겠습니까?" 육조께서 말씀하셨다. "너희들은 잘 들어라. 후대에 미혹한 이들이라도 다만 중생을 알기만 한다면 부처를 볼 수 있다. 하지만 중생을 알지 못한다면, 만겁토록 부처를 찾는다 한들 부처를 보지 못할 것이다. 내 이제 너희들에게 중생을 알면 부처를 보게 됨을 가르쳐주리니, 다시금 견진불해탈송(참부처를 보아 해탈하는 게송)을 남겨주겠노라. 어리석으면 부처를 보지 못하지만, 깨달은 자는 볼 것이다." "법해는 (그 송을) 듣기를 원하오니, 대대로 전하여 어느 때라도 끊어지지 않도록 하겠습니다."

육조께서 말씀하셨다. "너희들은 잘 들어라. 내 너희들에게 설하리라. 후대 사람들이 부처를 찾고자 할진대 중생을 알기만 하면 부처를 알 수 있다. 이는 곧 인연이 중생에게 있기 때문이니, 중생을 떠난다면 불심도 없느니라."

迷卽佛衆生, 悟卽衆生佛.

愚癡佛衆生, 智惠衆生佛.

心嶮[1076]佛衆生, 平等衆生佛.

1076 嶮 : 〔敦博〕〔旅博〕 嶮, 〔S〕 劍

미혹하면 부처도 중생이요,
깨달으면 중생이 부처니라.
어리석으면 부처도 중생이요,
지혜로우면 중생이 부처니라.
마음이 치우치면 부처도 중생이요,
평등하면 중생이 부처니라.

一生心若嶮,[1077] 佛在衆生中.[1078]

一念悟[1079]若平, 卽衆生自佛.

我心自有佛, 自佛是眞佛.

自若無佛心, 向何處求佛.

1077 嶮 : 〔敦博〕〔旅博〕 嶮, 〔S〕 劍

1078 中 : 〔S〕〔旅博〕 中, 〔敦博〕 心

1079 悟 : 〔敦博〕〔旅博〕 悟, 〔S〕 吾

한번 마음 냄이 치우쳐 있다면,
부처라도 중생에 머물러 있는 것이니라.[1080]
한 생각[1081]에 깨달아 (마음이) 평등해지면,
곧 중생이 그대로 부처라네.
내 마음에 그대로 부처가 있으니,
자기의 부처[1082]가 참된 부처니라.
자기에게 부처의 마음 없다면,
어디에서 부처를 구할 것인가.

1080 '佛在衆生中'은 문맥상 부처도 마음이 치우쳐 있으면 '중생 속에 갇히다' 즉, '부처라 할지라도 중생에 불과하게 된다'는 부정적 의미를 내포하고 있으므로, '중생에 머무르다'로 번역했다.

1081 일념一念의 '念'은 문맥상 '찰나'의 뜻보다는 '생각'으로 보는 것이 적절하다.

1082 자불自佛은 '자기의 부처'란 뜻으로서, 보편적인 의미의 부처가 아닌 '자기 속에 있는 부처'를 말한다.
柳田聖山은 육조대사의 본령은 자기의 부처가 참된 부처라는 이 한 구에 다 전해진다고 평한다.(『禪語錄』, 1998, p.176)

大師言, "汝等門人好住. 吾留一頌, 名自性見眞佛[1083]解脫頌. 後代迷門此頌意, 意卽見自心自性[1084]眞佛. 與汝此頌, 吾共汝別."

頌曰:

1083 見眞佛 : 〔旅博〕 見眞佛, 〔S〕〔敦博〕 眞佛

1084 性 : 〔S〕〔敦博〕 性, 〔旅博〕 姓

대사께서 말씀하셨다. "너희 문인들은 잘 있으라. 내가 송 하나를 남겨 주리니 '자성견진불해탈송(자성에서 참 부처를 보아 해탈하는 게송)'이란 것이다. 후대에 미혹한 사람들도 이 게송의 뜻을 생각한다면,[1085] 자기 마음속 자성에서 참 부처를 보리라. 너희들에게 이 송을 주고, 나는 너희 모두와 헤어지련다."

송은 이러하다.

1085 원문의 '…此頌意, 意卽…'에서 '意'와 '意' 사이에는 서술어가 없어 문장구조가 자연스럽지는 않으나, 해당 부분의 번역 '…이 게송의 뜻을 생각한다면…'과 같이 첫 번째 '意'는 '뜻'으로, 두 번째 '意'는 '생각하다'의 의미로 새겼다.

眞如淨性是眞佛, 邪見三毒是眞魔.[1086]

邪見之人魔[1087]在舍, 正見之[1088]人佛則過.

性中[1089]邪見三毒生, 卽是魔[1090]王來住舍,

正見忽除[1091]三毒心,[1092] 魔[1093]變成佛眞無假.

1086 魔 : 〔敦博〕魔, 〔S〕〔旅博〕摩

1087 魔 : 〔敦博〕〔旅博〕魔, 〔S〕摩

1088 之 : 〔旅博〕之, 〔S〕〔敦博〕知

1089 中 : 〔旅博〕中, 〔S〕〔敦博〕衆

1090 魔 : 〔敦博〕〔旅博〕魔, 〔S〕摩

1091 除 : 〔敦博〕〔旅博〕除, 〔S〕則

1092 心 : 〔敦博〕〔旅博〕心, 〔S〕生

1093 魔 : 〔敦博〕〔旅博〕魔, 〔S〕摩

진여의 청정한 성품이 참된 부처요,

삿된 견해와 삼독이 진짜 마구니니라.

삿된 견해 가진 이에겐 마구니가 집에 머무르고[1094],

바른 견해 가진 이에겐 부처 찾아오리라[1095].

성품 중에서 삿된 견해와 삼독이 일어나면,

마왕이 와서 집에 머무르고,

바른 견해로 삼독의 마음 홀연 제거하면,

마왕이 부처로 변해 거짓 없이[1096] 참되리라.

1094 '魔在舍'의 '在'는 부정적 의미를 내포하는 동사로서 '머무르다'로 새겼다.

1095 '佛則過'의 '過'에는 '방문하다', '들르다'의 뜻이 있으므로, 문맥상 '부처가 찾아오다'의 의미로 새겼다.

1096 '無假'의 '假'를 '거짓'의 뜻으로 보아, 위의 번역처럼 '거짓 없이'로 새기는 것도 가능하지만, 통용되는 글자로서 '暇'의 의미를 반영하여 '無暇', 즉 '겨를 없이', '틈 없이' 정도로 보아, '곧바로'로도 새길 수 있을 듯하다.

化身報身及淨身,[1097] 三身元[1098]本是一身,

若向身中覓自見, 卽是成佛[1099]菩提因.

本從化[1100]身生淨性, 淨性常在化[1101]身中.

性使化[1102]身行正道, 當來圓滿眞無窮.[1103]

1097 〈'淨身'은 청정한 법신法身의 의미이다.〉

1098 元 : 〔S〕〔敦博〕 元, 〔旅博〕 無

1099 成佛 : 〔敦博〕〔旅博〕 成佛, 〔S〕 佛

1100 化 : 〔敦博〕〔旅博〕 化, 〔S〕 花

1101 化 : 〔敦博〕〔旅博〕 化, 〔S〕 花

1102 化 : 〔敦博〕〔旅博〕 化, 〔S〕 花

1103 圓滿眞無窮 : 〔敦博〕〔旅博〕 圓滿眞無窮, 〔S〕 員遍最眞無

화신과 보신과 청정한 법신,
이 삼신은 본래 하나의 몸이니,
자기 몸에서 스스로 찾아서 본다면,[1104]
이것이 불보리를 성취하는 원인이니라.
본래 화신에서 청정한 성품 생겨나니,
청정한 성품은 항상 화신 가운데 있느니라.
(청정한) 성품이 화신으로 하여금 바른 도를 행하게 하니,
장차 원만함이 참으로 끝없으리.

1104 '若向身中覓自見'에서는 '覓', '見'과 같이 한 문장 내에서 동사로 활용되는 글자가 두 개라 다소 어색하다. 그러므로 두 글자 사이의 '自'를 목적어로 보지 않고, 의미상 '자기의 몸에 삼신이 있으므로, 자기 몸에서 (三身을) 찾아서 스스로 본다면'의 뜻으로 번역하였다.

婬性本身淨性[1105]因, 除婬卽[1106]無淨性身.

性中但自離[1107]五[1108]欲, 見性刹那卽是眞.

今生若悟[1109]頓教門, 悟卽眼前見世[1110]尊,

若欲修行求[1111]覓佛, 不知何處欲求[1112]眞.

1105 淨性 : 〔敦博〕〔旅博〕 淨性, 〔S〕 清淨

1106 婬卽 : 〔敦博〕〔旅博〕 婬卽, 〔S〕 卽˘婬

1107 離 : 〔S〕〔旅博〕 離, 〔敦博〕 欲

1108 五 : 〔敦博〕〔旅博〕 五, 〔S〕 吾

1109 悟 : 〔敦博〕〔旅博〕 悟, 〔S〕 吾

1110 世 : 〔敦博〕〔旅博〕 世, 〔S〕 性

1111 求 : 〔敦博〕 求, 〔S〕〔旅博〕 云

1112 求 : 〔S〕〔旅博〕 求, 〔敦博〕 覓

음욕의 성품[1113] 자체[1114]가 청정한 성품의 원인이니,
음욕(의 성품) 제거하면 청정한 성품의 몸도 없느니라.
성품 가운데는 다만 스스로 오욕에서 벗어나 있으니,
성품을 보는 찰나에 바로 참되리라.
금생에 돈교문을 깨닫는다면,
깨닫는 순간 눈앞에서 세존을 뵈올 것이나,
수행하여 부처 찾기를 구한다면,
어디에서 참됨을 구할 수 있을지 모르리.

1113 음성婬性은 '음욕' 등 오감과 관련된 감각적 욕망을 의미하는 것으로 '청정한 성품'에 대비되는 '더러운 성품' 또는 '욕망의 성품' 정도의 뜻을 담아, '음욕의 성품'으로 새겼다.

1114 본신本身은 '음성婬性을 지닌 본래의 몸'을 가리키는 뜻으로서, '(그) 자체' 정도로 번역하였다.

若能身中自有眞, 有眞卽是成佛因,
自不求眞外覓佛, 去覓惣是大癡人.
頓教法者是西流, 救[1115]度世人須自修.
今保世間學道者, 不於此是大悠悠.

1115 救 : 〔旅博〕 救, 〔S〕〔敦博〕 求

자신 안에 스스로 참됨을 가지고 있으므로,
참됨이 있다는 그것이 성불의 원인이 되지만,
스스로 참됨 구하지 않고 밖에서 부처 찾는다면,
(자기를) 버리고 찾는 것이니 결국 대단히 어리석은 사람이니라.
돈교의 법은 서쪽에서 왔으니,
세상 사람들 제도코자 하면 스스로 (이를) 닦아야 하리라.
세간에서 도를 배우는 이들에게 이제 장담컨대,
이를[1116] 따르지 않으면 아득히 멀어지리라.[1117]

1116 '不於此是大悠悠'에서 '이것(此)'은 문맥상 '돈교법'을 가리킨다.

1117 '大悠悠'는 '크게 유유한 사람이다'의 의미로서, '유유하다'는 '한가하다', '느긋하다', '아득하다' 등의 뜻이 있으므로 '아득히 멀어지다'로 번역하였다.

大師說偈已了, 遂[1118]告門人曰, "汝等好住. 今共汝別. 吾[1119]去已後, 莫作世情悲泣. 而受人弔[1120]門錢帛着孝衣, 卽非聖法, 非我弟子. 如吾[1121]在日一種. 一時端坐, 但無動無靜,[1122] 無生無滅, 無去無來, 無是無非, 無住, 坦[1123]然寂淨,[1124] 卽是大道. 吾去已後,[1125] 但依[1126]法修行, 共吾在日一種. 吾若在世, 汝違敎法, 吾住無益."

1118 遂 : 〔S〕 遂, 〔旅博〕 遂(造*卜), 〔敦博〕 道

1119 吾 : 〔S〕〔敦博〕 吾, 〔旅博〕 五

1120 弔 : 〔敦博〕 弔, 〔S〕 予, 〔旅博〕 吊

1121 吾 : 〔S〕〔敦博〕 吾, 〔旅博〕 五

1122 靜 : 〔敦博〕〔旅博〕 靜, 〔S〕 淨

1123 坦 : 〔敦博〕 坦, 〔S〕〔旅博〕 但

1124 〈'淨'은 적정寂靜하다는 뜻의 '靜'과 통한다.〉

1125 已後 : 〔S〕 已後, 〔敦博〕〔旅博〕 後

1126 依 : 〔敦博〕〔旅博〕 依, 〔S〕 衣

대사께서 게를 설하시고 나서 마침내 문인들에게 말씀하셨다. "너희들은 잘 있어라. 이제 너희 모두와 헤어져야겠구나. 내가 가고 난 후에 세속의 정으로 슬피 울지 마라. 사람들의 조문[1127]과 돈이나 비단을 받거나 상복을 입는 것은 성인의 법(聖法)[1128]이 아니며 내 제자도 아니다. 내가 세상에 있을 때와 같이 한가지로 하라. 일제히 바르게 앉아 다만 움직임도 고요함도 없고, 생성도 소멸도 없으며, 감도 옴도 없으며, 옳음도 그름도 없어서, (어디에도) 머무르지 않고 흔들림 없이 고요하면 그것이 바로 대도이니라. 내가 가고난 후에라도 다만 법에 의거해 수행하며, 내가 있을 때와 한가지로 해라. 내가 세상에 있더라도 너희가 가르침을 위배한다면, 내가 있는 것이 아무런 도움이 되지 못하리라."

1127 원문은 '弔門'으로 되어 있는데, 문맥상 '弔問'을 가리킨다. '門'과 '問'이 통용된 듯하다.

1128 성법聖法은 성인의 법으로, 즉 부처님의 법인 '불법佛法'을 가리킨다.

大師云此語已, 夜至三更, 奄然遷化.[1129] 大師春秋七十有[1130]六. 大師滅度之[1131]日, 寺內異香氳氳,[1132] 經數日[1133]不散. 山崩[1134]地動, 林木變白, 日月無光, 風雲失色. 八月三日滅度, 至十一月, 迎和尙神座[1135]於漕溪山, 葬在龍龕之內, 白光出現, 直上衝天, 三日[1136]始散. 韶州刺使[1137]韋據[1138]立碑, 至今供養.

1129 化 :〔敦博〕〔旅博〕 化, 〔S〕 花

1130 有 :〔S〕〔旅博〕 有, 〔敦博〕 省

1131 之 :〔敦博〕〔旅博〕 之, 〔S〕 諸

1132 香氳氳 :〔S〕〔旅博〕 香氳氳, 〔敦博〕 年日氛氛

1133 經數日 :〔S〕〔旅博〕 經數日, 〔敦博〕 數日

1134 崩 :〔敦博〕〔旅博〕 崩, 〔S〕 用

1135 座 :〔S〕 座, 〔敦博〕〔旅博〕 坐

1136 三日 :〔敦博〕〔旅博〕 三日, 〔S〕 旨

1137 使 :〔S〕〔旅博〕 使, 〔敦博〕 史

1138 據 :〔敦博〕〔旅博〕 據, 〔S〕 處

대사께서는 이러한 말씀을 마치고, 삼경에 이르러 바로 세상을 떠나셨다. 대사의 춘추는 76세이시다. 대사께서 멸도하신 날에 절에는 신이한 향내가 가득했는데, 몇 날이 지나도록 가시지 않았다. 산이 무너지고 땅이 진동하였으며, 숲의 나무들은 흰색으로 변하고, 해와 달도 빛을 잃고, 바람과 구름도 제 모습을 잃어버렸다. 8월 3일에 멸도하신 후에, 11월에 이르러 화상의 신좌(遺體)를 조계산에 맞아들여 용감龍龕[1139] 안에 안장하니, 흰 빛이 나와 곧바로 하늘을 찌를 듯이 솟아오르더니 사흘이 되어서야 흩어졌다. 소주 자사 위거가 비를 세우고 이제까지 공양하고 있다.

1139 용감龍龕의 '龕'은 일반적으로 감실을 뜻하는데, 감실은 신주나 시신을 안치해 두는 장欌 또는 궤櫃 혹은 그 방을 가리킨다. 또한 절의 탑을 가리키기도 한다. 용龍은 미칭으로 보이나, 혹 용 모양 혹은 용 장식을 갖춘 감실을 의미할 수도 있을 듯하다.

此壇經, 法海上座集. 上座無常, 付同學道際,[1140] 道際[1141]無常, 付門人悟眞, 悟眞[1142]在嶺南漕溪[1143]山法興寺, 見今[1144]傳受此法. 如付此[1145]法, 須得[1146]上根智, 深[1147]信佛法, 立於[1148]大悲. 持此經以爲禀[1149]承, 於今不絶.

1140 際 : 〔敦博〕〔旅博〕 際, 〔S〕 漈

1141 際 : 〔敦博〕〔旅博〕 際, 〔S〕 漈

1142 悟眞悟眞 : 〔S〕〔旅博〕 悟眞悟眞, 〔敦博〕 悟眞

1143 漕溪 : 〔敦博〕〔旅博〕 漕溪, 〔S〕 溪˘漕

1144 〈'見今'은 '現今'과 같은 말로, '見'에는 '現'의 의미가 있다.〉

1145 此 : 〔敦博〕〔旅博〕 此, 〔S〕 山

1146 得 : 〔敦博〕〔旅博〕 得, 〔S〕 德

1147 上根智深 : 〔敦博〕 上根智深, 〔S〕 (座*ㅏ)上恨知心, 〔旅博〕 上根知深

1148 立於 : 〔敦博〕 立於, 〔S〕〔旅博〕 立

1149 禀 : 〔敦博〕〔旅博〕 禀, 〔S〕 衣

이 『단경』은 법해 상좌가 모았다. 상좌가 죽음에 동학 도제에게 부촉하였고, 도제가 죽음에 문인 오진에게 부촉하였으며, 오진은 영남 조계산 법흥사에 있으면서 이제까지 이 법을 전수하고 있다. 이 법을 부촉하고자 한다면, 모름지기 상근기의 지혜를 가진 이가 불법을 깊이 믿고 큰 자비심을 세워야 한다. 이 경을 수지하는 것으로써 가르침을 계승하는 것[1150]으로 삼아, 지금에 이르도록 끊이지 않고 있다.

1150 품승稟承은 '받아 잇다'는 뜻으로서, 여기서는 '가르침을 계승하다'로 번역하였다.

⑴ 和尙本是韶州曲江縣[1151]人也.

⑵ 如來入涅盤, 法敎流東土,

共傳無住, 卽我心無住.

此眞菩薩說, 眞實[1152]示行兪,[1153]

唯敎大智人, 示[1154]旨於[1155]凡度.

1151 縣 : 〔旅博〕 縣, 〔S〕〔敦博〕 懸

1152 眞實 : 〔敦博〕〔旅博〕 眞實, 〔S〕 眞

1153 兪 : 〔敦博〕〔旅博〕 兪, 〔S〕 實兪

1154 示 : 〔敦博〕〔旅博〕 示, 〔S〕 是

1155 於 : 〔敦博〕〔旅博〕 於, 〔S〕 衣

(1) 화상은 본래 소주 곡강현 사람이다.

(2) 여래께서 열반에 드신 후,
진리의 가르침 동토로 흘러들어와,
머무름이 없음을 동일하게 전했으니,
곧 나의 마음 머무름 없음일세.
이것이 참된 보살의 설법이요,
진실하게 일러준 행함과 깨침이니,
오직 지혜로운 이에게만 가르쳐
범부를 제도하는 뜻을 밝히신 것이네.

(3) 誓修行,[1156] 遭[1157]難不退, 遇苦能忍, 福德深厚, 方授此法.

如根性[1158]不堪, 林[1159]量不得, 雖[1160]求此法,
建[1161]立不得[1162]者, 不得妄付壇經.
告諸同道者, 令知[1163]蜜意.

南宗頓教最上大乘壇經[1164]一卷

1156 修行 : 〔敦博〕〔旅博〕 修行, 〔S〕 修行修行

1157 遭 : 〔S〕〔敦博〕 遭, 〔旅博〕 (漕*卜)(溴*卜)遭

1158 根性 : 〔S〕〔旅博〕 根性, 〔敦博〕 眼

1159 林 : 〔S〕〔敦博〕〔旅博〕 林 〈'林'은 '材'의 오기인 듯하다.〉

1160 雖 : 〔敦博〕〔旅博〕 雖, 〔S〕 須

1161 建 : 〔敦博〕〔旅博〕 建, 〔S〕 達

1162 得 : 〔敦博〕〔旅博〕 得, 〔S〕 德

1163 令知 : 〔旅博〕 令知, 〔S〕 今諸, 〔敦博〕 令智

1164 壇經 : 〔敦博〕〔旅博〕〔北圖〕 壇經, 〔S〕 壇經法

(3) 수행하기를 서원하여 어려움을 만나도 물러서지 않고 고난에 부딪혀도 참으며 복덕이 두터운 이에게 이 법을 주어야 하니라.
근성이 감당할 만하지 못하거나 재량이 안 된다면,
비록 이 법을 구한다고 해도,
건립할 수 없는 자에게는 『단경』을 함부로 부촉해서는 안 된다.
도를 함께하는 이들에게 알려서 그 은밀한 뜻을 알게 하라.[1165]

남종돈교최상대승단경 1권

1165 위 단락은 위와 같이 (1), (2), (3)으로 구분할 수 있다. 먼저 (1)의 경우, 마지막에 개별적으로 덧붙여 전하는 말로도 보이지만, 문맥상 다소 어색한 문장으로, 후대 판본에서는 임의로 생략하기도 하였다. 게송에 해당하는 (2)번 단락 역시 문맥상 어색하여 잘못 삽입된 듯하나, 서원誓願의 형식으로 서술된 (3)번 단락과 함께 본다면 전체 내용을 귀결하는 내용이라 할 수 있다. 또한 (3)번 단락은 편찬자의 말을 담고 있어 일종의 발문의 성격을 가지고 있으나, 저자가 누구인지는 알 수 없다.

【大乘志三十,[1166] 大聖志四十,[1167] 大通志五十, 大寶志六十,[1168] 大法志七十, 大德志八十,
淸之藏志三[1169]十, 淸持藏志[1170]四十, 淸寶藏志[1171]五十, 淸蓮藏志[1172]六十, 淸海藏志[1173]七十, 大法藏志[1174]八十. 此是菩薩[1175]法號.】[1176]

1166 三十 : 〔S〕〔旅博〕 三十, 〔敦博〕〔北圖〕 卅

1167 四十 : 〔S〕〔旅博〕 四十, 〔敦博〕〔北圖〕 卌

1168 六十 : 〔S〕〔敦博〕〔北圖〕 六十, 〔旅博〕 六

1169 志三 : 〔S〕〔旅博〕 志三, 〔敦博〕〔北圖〕 四

1170 藏志 : 〔S〕 藏志, 〔敦博〕〔旅博〕〔北圖〕 藏

1171 藏志 : 〔S〕 藏志, 〔敦博〕〔旅博〕〔北圖〕 藏

1172 藏志 : 〔S〕 藏志, 〔敦博〕〔旅博〕〔北圖〕 藏

1173 藏志 : 〔S〕 藏志, 〔敦博〕〔旅博〕〔北圖〕 藏

1174 藏志 : 〔S〕 藏志, 〔敦博〕〔旅博〕〔北圖〕 藏

1175 菩薩 : 〔S〕〔敦博〕〔旅博〕 菩薩, 〔北圖〕 ++++

1176 『단경』 1권 끝에 부기되어 있는 【 】 단락은 〔S〕, 〔敦博〕, 〔旅博〕 세 본에 모두 전하지만, 전체 구성이나 문맥상으로 모두 어색한 내용으로서, 다른 내용이 착간된 것으로 보인다. 혹은 해당 내용이 삽입된 다른 이유가 있을 가능성도 있으나, 정확한 근거는 없다.

대승지[1177] 30, 대성지 40, 대통지 50, 대보지 60, 대법지 70, 대덕지 80,
청지장지 30, 청지장지 40, 청보장지 50, 청련장지 60, 청해장지 70, 대법장지 80.
이는 보살의 법호이다.

1177 '大乘志三十' 등과 같이 위 단락에 자주 등장하는 '志'는 '보살의 법호' 혹은 '서명書名' 등으로 추정되지만, 명확하지 않다.

대교본

周紹良 編著,『敦博寫本壇經原本』, 文物出版社, 1997

郭富純·王振芬 整理,『旅順博物館藏敦煌本六祖壇經』, 上海古籍出版社, 2011

참고문헌

駒澤大學禪宗史研究會,『慧能研究』, 大修館書店, 1978

辛嶋 静志,「変, 変相, 変文の意味」『印度學仏教學研究 通号』141, 日本印度學佛教學研究會 編, 2017

楊曾文 校寫,『新版敦煌新本六祖壇經』, 宗教文化出版社, 2001

楊曾文教授 校, 林光明·蔡坤昌·林怡馨 編譯,『楊校敦博本六祖壇經及其英譯』, 嘉豐出版社, 2004

柳田聖山,『六祖壇經』(世界の名著18『禪語錄』), 中央公論社, 1998

柳田聖山,『初期禪宗史書の研究』, 禪文化研究所, 1967

退翁 性徹 著,『敦煌本 六祖壇經』, 장경각, 2004

Red Pine, *The Platform Sutra: the Zen Teaching of Hui-neng*, Counterpoint LLC, 2006

필립 B. 얌폴스키 지음, 연암종서 옮김,『六祖壇經研究』, 경서원, 2006

성철스님,『돈황본 육조단경』, 장경각, 1988.

찾아보기

【ㄱ】

가사 281

각성 197

간화선 16

갈료 33

견성 149, 265, 291

견진불해탈송 303

경전 243

계박 81

계승본 10, 12

계정혜 139, 227, 229

계합 223

공 131, 239, 261, 263

공덕 143, 179, 181, 183

공양 171

공적 239

『觀無量壽佛經義疏』 189

관세음보살 195

『觀心論』 161

관점 27

관조 159

광주 215

교법 263

구강역 59

국은사 267

귀의 105, 109, 127

근성 327

『금강경』 27, 29, 43, 57, 145

『금강반야바라밀경』 143

기주 267

김지견 11

깨달음 59, 113, 123, 239

【ㄴ】

남종 217, 219

남해 27

노령 37

『楞伽經』 203

능가변 37, 43
능 대사 25

【ㄷ】

『단경』 25, 215, 217, 265, 323, 327
달마 177, 179, 181, 183, 283, 291, 301
대가섭 295
대도 319
대범사 21, 23
대법 253, 255
대사 175, 279
대선지식 157
대세지보살 195
대승 173, 211, 245, 277
『대승기신론大乘起信論』 141
대승사본 10, 12, 31, 163
대승인 145
대유령 61
대인 151
덕 183
덕이본 10, 12, 31
도 73, 75, 85, 93, 171, 207, 209, 217, 269, 277, 327
도신 287, 301
도제 323
돈과 점 77, 79
돈교 147, 149, 165, 173, 191, 211, 317
돈교문 315
돈교법 203, 217
돈법 191
돈오 57
돈점 203
돈황본 10, 13, 14, 15, 267
동방 189, 201
동빙묘산 29

【ㅁ】

마구니 311
마명 297
마음 89, 233, 243, 245
마음자리 161, 189, 197, 229, 241, 287, 289, 291
마음작용 95

마하반야바라밀 129, 139
마하반야바라밀법 23, 25, 129
만법 151, 155
망념 91, 159, 207
망심 137
멸도 267, 321
멸죄송 169
명경대 41, 53
『묘법연화경』 233
무기 131
무념 79, 85, 87, 141, 161, 163
무념돈법 163
무념법 163
무념행 161
무명 261, 291
무상 79, 83
무상게 213
무상계 21, 23, 99
무상보리 47
무상삼귀의계 123
무상송 169, 201
무상참회 117
무억 141
무여 205
무정 73, 275
무정물 257
무제 179, 183
무주 79, 81
무착 141
『文苑英壽』 189
문인 215
문자 263
미륵불 195
미오 187
미혹 251

【ㅂ】

바라밀 137
바른 마음 209
바수반다 299
반야 35, 135, 141, 145, 147, 149, 159, 231, 291
『반야바라밀경』 149
반야바라밀행 143

반야삼매 143, 161
방편 211
번뇌 85, 87, 113, 139, 141, 197, 205, 209, 225, 259
『梵網經』 97, 155
범부 47, 127, 137, 249
법 57, 59, 77, 85, 125, 187, 211, 213, 215, 217, 219, 233, 251, 253, 281, 319
법계 143, 199
법달 233, 235, 237, 241, 243, 253
법문 79, 95, 115, 199, 223
법상 245, 257
법성 101, 255
법신 81, 109, 129, 165, 183, 259, 313
법신불 99, 103
법여 253
법우 289
법진 253
법해 9, 21, 23, 253, 269, 279, 293, 303, 323
『법화경』 235, 237, 241, 243
법흥사 323
보리 113, 139, 167, 207, 211, 225, 259, 289
보리반야 65
보리수 41, 53
보살 107, 325, 329
『보살계경』 97, 155
보시 171
『菩提達摩南宗定是非論』 281
보신 109, 259, 313
보신불 99
복 171, 181, 183
복전 35, 183
본래 마음 77, 155, 161, 223
본래의 근원 239
본래의 마음 51
본성 35, 47, 77, 81, 87, 91, 93, 95, 145, 149, 157, 263
본체 75, 83, 87, 259
부동 93
부동행 275
부처 97, 123, 127, 139, 153,

163, 195, 239, 243, 255, 303, 305, 307, 309
부처님의 지견 239, 241, 243
부처의 종자 275
부처 종자 167
부촉 217, 323, 327
북종 219
불佛 125
불가사의 227
불교 281
불국토 187
불도 69, 115, 155
불법 31, 277
불보리 291, 313
『佛說無量壽經』 187
불성 33, 53, 65, 183, 213
불심 303
불지 51

【ㅅ】

사군 175, 177, 181, 185, 189, 191, 193, 199, 201
사량 107
사상四相 69
사승법 245
사홍대원 111
사홍서원 117
삼과법문 253, 255
삼귀의계 127
삼독 139, 173, 197, 311
삼라만상 103
삼보 123, 125, 129
삼세불 101
삼승 235, 241
삼신 101, 109, 313
삼신불 99, 101, 111
삼십육대 253
36대법 259, 261
삼악도 43, 45, 47
삼업 171
상 239, 261
상相 93, 95
상근기 143, 187, 229, 323
상대 257, 259
색신 81
생각 81, 83, 87

생멸 249
생불 213
생사 277
생사윤회 49
서방 189, 193, 197
서방정토 185, 187, 201
서원 115, 167
서하본 11
석가모니 195
석가모니불 295
선禪 95
선법 107, 157
선정 95
선종 9, 21
선지식 25, 65, 67, 69, 75, 77, 79, 83, 89, 99, 101, 103, 105, 113, 125, 139, 159, 165, 251
선행 103
설법 175
성불 139, 317
성인 165, 319
성철 31
성품 45, 49, 51, 83, 91, 103, 105, 107, 113, 131, 133, 135, 141, 143, 151, 157, 159, 195, 237, 269, 287, 311, 315
세간 207, 209, 211
세존 187
소근기 147, 149, 229
소승 245
소인 151
소주 215, 325
수미산 197
수행 217, 271, 315, 327
스즈키 다이세츠 11, 12, 131
승僧 125
승찬 285, 301
신수 37, 39, 41, 45, 47, 49, 219, 221, 223, 227
신주 25, 31
신회 247, 249, 253, 269
심게 39
십선 191, 197
십악 191

12입 255
18계 255

【ㅇ】
아난 295
아미타불 185
악법 107
악업 121
악행 103, 117
야나기다 세이잔 10, 21
양무제 181
양변 249, 261
양족존 123, 125
양증문 11, 73, 163
어리석은 사람 151, 153, 203
언어 263
업보 109
업장 147
여래 197, 325
열반 325
염부제 145
염불 187, 189, 191
영남 25, 31, 33, 213
오문 195
오염 83
오욕 315
오음 255
오조 35, 37, 39, 43, 45, 47, 49, 55, 57, 59
오진 323
오쿠다 쇼조 12
옥천사 219, 223
왕생 185, 187, 189, 191, 193
용수 297
우이 하쿠주 11
위거 23, 321
『유마경』 71, 87, 97
유마힐 73
『維摩詰所說經』 155, 187
柳田聖山 189, 281, 307
유정 275, 287
육문 197, 255
육식 255
육신 99, 101, 109, 113, 195
육욕천 197

육적 161
육조 181, 193, 235, 249, 269, 293, 295
『육조단경』 9, 14, 15, 21
육진 161, 197, 255
윤회 77
의법 35, 37, 47, 49, 59, 61, 167
의식 195
의심 267
의지처 215
이능화 11
이욕존 125
이치 205
인연 303
일대사인연 237, 239
일불승 235, 237, 241
일행삼매 71, 73

【ㅈ】

자기 마음 183, 251, 273
자기 법성 183
자기의 본성 239
자기의 부처 307
자비 45, 107, 193, 195
자성 49, 97, 101, 105, 107, 113, 119, 123, 127, 133, 141, 149, 151, 155, 161, 183, 195, 229, 231, 255, 259, 261, 263, 277, 309
자성견진불해탈송 309
자성법신 97
작용 75, 87, 259
재가 201
재가자 201
쟁론 277
전법게 281
절 201
점돈 219
정定 95
정견 113
정과 혜 69, 75
『정명경』 71
정법 115, 181, 233, 237
정본화 13, 14, 15
정식 249

정토 71
정혜 67, 75
제도 325
제일의제 87
조계산 213, 215, 219, 221, 223, 231, 233, 245, 247, 251, 321
조문 319
조사 39, 45
종宗 79, 87
종보본 10, 13
종지 85, 215, 253, 265, 271, 281, 301
좌선 73, 75, 89, 95, 247
죄 209
죄과 249
죄업 171
중생 149, 153, 195, 255, 303, 305, 307
중생의 지견 241, 243
중승 245
중중존 125
지견 239, 241
지눌 11
지도 253
지상 245, 253
지성 221, 223, 225, 227, 229, 231, 253
지옥 197
지철 253
지통 253
지혜 35, 45, 65, 105, 107, 113, 115, 135, 141, 149, 151, 161, 205, 229, 241
지혜로운 사람 151, 153
진가동정게 271
진복사본 12
진여 87, 91, 141, 275, 311
진여본성 155, 157

【ㅊ】

찰나 119, 193, 211
참 273
참된 마음 71, 73, 183, 189
참된 부처 307, 311
참회 117, 121, 123, 171

천당 197
청정 91, 93, 97, 187, 189, 207
청정법신 105
청정한 성품 313, 315
체體 79, 83
촉 95
최상승 245
최상승법 157
출현 239, 241
칠불 295
칠불통계게 227

【ㅍ】
평등 139, 195, 269, 305, 307
피안 137, 197

【ㅎ】
하근기 187
하심 115
함장식 255
해탈 161
허물 249
형상 93, 135
혜가 285, 301
혜능 9, 14, 21, 23, 25, 27, 29, 31, 33, 49, 51, 53, 55, 57, 59, 61, 63, 65, 99, 113, 125, 129, 169, 193, 201, 219, 221, 223, 225, 227, 245, 251, 267, 281, 289, 291, 301
혜순 61
혜원 189
혜흔본 10, 12, 13, 23
홍인 29, 31, 157, 169, 281, 287, 301
화상 175, 201, 213
화신 109, 259, 313
화신불 99, 107
『華嚴經』 127
흥성사본 10, 12, 31

감수

수불 스님: 안국선원 선원장

역주

조영미: 성균관대학교 한문학과

최연식: 동국대학교 사학과

김종욱: 동국대학교 불교학과

김천학: 동국대학교 HK교수

박인석: 연세대학교 철학과

4본대조 ▪ 돈황본 육조단경 ▪ 정본역주

초판 1쇄 인쇄 2021년 5월 12일 | **초판 1쇄 발행** 2021년 5월 24일

정본역주 조영미 · 최연식 · 김종욱 · 김천학 · 박인석

감수 수불 스님 | **펴낸이** 김시열

펴낸곳 도서출판 운주사

(02832) 서울시 성북구 동소문로 67-1 성심빌딩 3층

전화 (02) 926-8361 | **팩스** 0505-115-8361

ISBN 978-89-5746-650-6 03220 값 17,000원

http://cafe.daum.net/unjubooks 〈다음카페: 도서출판 운주사〉